Title Page

Mek Debt Work Fi Yuh: How Fi Manage Loans an Credit Wisely
Practical Tips fi Using Debt fi Build Wealth Instead a Sink Yuh

Author: Marvin Buckley

Publisher: SHARK SOLUTIONS LIMITED
Publication Date: 2024

MEK DEBT WORK FI YUH: HOW FI MANAGE LOANS AN CREDIT WISELY

First edition. December 7, 2024.

Copyright © 2024 Marvin Buckley.

ISBN: 978-976-659-072-7

Written by Marvin Buckley.

Table of Contents

"Debt nah fi be di enemy, but di tool weh help yuh climb fi yuh dreams—once yuh know how fi use it wisely."

Dedication

Fi di people weh believe inna change an better fi demself, an fi everybody who know seh money fi work fi dem, not di other way round. Dis book fi yuh—fi di man an ooman weh waan tek control a dem financial future, mek wise choices, an build something fi di next generation.

Acknowledgments

Big up to mi family an friends who support mi fi tek on dis journey, an fi all di people who share dem stories, challenges, an triumphs wid mi. Fi di Jamaicans out deh who a hustle hard an a search fi a betta life, dis one fi yuh. Respect to everybody who help bring dis project to life.

Preface

Wha gwaan? Mi write dis book fi every Jamaican weh ever feel seh debt a hold dem down. Di truth is, debt cya be a tool weh lift yuh up, but only if yuh know how fi use it wisely. Inna Jamaica, plenty people see debt as a burden, but mi here fi show yuh how fi flip di script an mek it work inna yuh favor. Mi come from di same struggles, mi know di challenges, an mi want show di whole a wi how fi build wealth fi di long run, one smart move at a time.

Dis book is di second one inna mi series pon financial empowerment, an mi hope fi tek yuh from di basics right into di real depths a managing money an building wealth. Mi cover di nitty-gritty details bout different types a loans, credit cards, an di strategies weh help yuh get outta debt without stress.

Introduction

Debt a word weh people get nervous when dem hear it. But hear mi out—debt nuh always haffi be di enemy. Di problem a nuh di debt itself, a how yuh approach it. Plenty a wi grow up see people struggle wid debt an think dat's di only way it go. But di real deal is, wid di right mindset an di right strategies, yuh can use debt fi build a solid foundation an reach heights yuh neva imagine.

In dis book, mi break down di whole concept a borrowing wisely. Wi a go cover everyting, from di basics pon understanding different types a loans to di ins an outs a credit cards an managing payments. Yuh a go get practical steps fi manage debt, build yuh credit score, an even tek on big tings like property an business loans widout fear.

Dis book nuh just fi di big shots or di business people—dis fi every Jamaican. Fi di yout pon di street, fi di ooman weh waan start a small shop, an fi di people who just waan improve dem life bit by bit. Mi write dis so anybody can understand, relate, an feel motivated fi mek di changes weh wi all need.

Mi promise yuh, if yuh take di time fi read an apply di steps inna dis book, yuh financial life a go look different. Dis a di second step pon di journey, so if yuh nuh read di first book, mek sure fi check it out too. It cover di real foundation pon money management. Together, wi a go build a brighter future, fi yuhself an fi di whole a Jamaica.

Chapter 1: Wha Debt Really Mean Fi Wi?

Opening Scene – Storytelling Style

Imagine dis: Yuh deh pon di corner wid yuh friends, reasonin' 'bout life, di bills dem, an di way everyting just get more expensive every day. One friend seh, "Mi nah tek no loan! Mi nuh like owe people," an di whole crew nod in agreement. "Debt a di devil," another one laugh, but yuh see di worry inna dem eyes same way.

But hear mi out. What if mi tell yuh seh debt nuh haffi be di enemy? What if debt could be yuh secret weapon fi build a better life? Mi naw talk 'bout just borrowin' fi show off pon people. Mi mean makin' debt work fi yuh – fi turn small moves into big dreams.

Breaking Down Di Basics

A lotta people grow up t'inkin seh debt only fi rich people or big business. "Mi cyaan afford fi tek loan," some people seh. But what if debt could actually mek yuh reach fi di tings yuh always want but nuh have di cash upfront? Yuh see, debt itself nuh bad. It a di way yuh use it dat mek all di difference.

Good Debt vs. Bad Debt – Relatable Examples

Good Debt: *"Fi Build Up Yuh Future"*

Think 'bout Kim. She always have a passion fi cook, an every likkle penny she save she put it toward gettin' di equipment she need fi start har own likkle restaurant. But mi seh every likkle penny, cause every paycheck finish fast, an har savings move like molasses. So one day, Kim seh, "Yuh know wha? Mi goin' tek a loan an get di tings mi need fi start up mi business right."

She get di loan, buy di stove, di pots, an di pans, an she start small. Di customers start roll in, an guess wha? Di business mek enough fi pay off di loan over time. Now, Kim own har place, an she nuh only pay di loan – she mek a good profit same way. Di debt she tek onna fi di right reason – fi build up har life an reach har goals.

Bad Debt: *"Fi Flash an Show Off"*

Den yuh have Marcus. Marcus seh him haffi get di latest phone every time it come out. So him get di credit card an buy it, but when di bill come, him nuh have di money fi pay it off. So now, him a pay interest every month pon a phone weh nuh even mek him back one cent. Next month, a di latest sneakers. After dat, a di watch. Marcus end up deeper an deeper in debt, an guess what? Him cyaan even remember wha half di things did cost.

Debt nuh bad – it a how yuh use it mek it good or bad. Debt fi buy a house, fi invest inna yuh future, fi start a business – dat's di kinda debt weh can give yuh a return. But debt fi just keep up wid di latest fashion? Dat's like water inna bucket wid hole – it cyaan full up, no matter how much yuh pour in.

Di Myths Dem Tell Yuh 'Bout Debt

1. **Myth #1: "Debt a fi Rich People"**
    - People say it all di time. "Mi nuh have rich people money fi pay back loan!" But di truth is, debt can help di likkle man too, once yuh use it right. Debt fi buy di things weh can bring yuh back money, like a taxi fi run business or a likkle stall fi sell yuh products – dat's yuh building something. Debt nuh haffi be outta reach; yuh just haffi be smart 'bout it.
2. **Myth #2: "If yuh borrow, yuh bound fi suffer"**
    - Is a lotta stress out there, an plenty people believe dat once yuh owe money, is pressure yuh goin' be

under fi di rest of yuh life. But nah, mi fren. Yuh know seh once yuh plan fi pay it back regular, debt cyaan trap yuh? Debt only control yuh if yuh cyaan manage it, but when yuh know how fi handle yuh payments, yuh in charge.

3. **Myth #3: "Debt mean yuh cyaan manage yuh money"**
   - Listen up. Debt is a tool, same way how a hammer a tool fi drive nails. If yuh have it inna di right hand an use it wisely, it can build yuh up. Plenty smart, hardworking people use debt fi turn dem dreams into reality. Is not a sign dat yuh nuh smart; it's di knowledge yuh have fi mek it work fi yuh.

How Debt Can Help Yuh Reach Big Goals

Now, hear dis – every big goal start wid a plan. An sometimes, fi reach dem goals, yuh might need a likkle push. Suppose yuh waan fi own yuh own piece a land or open a shop. But yuh nuh have di full cash fi pay upfront. A loan, once yuh use it wisely, can be di ladder fi mek yuh climb up an get closer fi dat dream.

Imagine dis: yuh waan start a likkle side hustle selling jerk chicken, but yuh need fi buy di grill, di chicken, di seasoning, all kinda tings. If yuh wait till yuh save up, it might tek years. But if yuh borrow likkle an have a solid plan, yuh start making sales from day one an use di profit fi pay off di loan. Soon enough, yuh loan-free an di profit a come straight fi yuh pocket.

Real Stories: People Just Like Yuh

Every yard have a story, an plenty people deh right here a Jamaica dat mek debt work fi dem. Is not just fi people wid big degrees or plenty connections. Take Sonia, fi example. She always did good wid sewing but never had di machine fi tek on big orders. She go to di credit union, explain her plan, an dem help her wid a likkle loan fi buy di machine.

From dat day, Sonia turn her talent into a full business. Di loan she tek give her di start she need, an now she cyaan believe she once worry 'bout debt. "Is all 'bout di purpose," Sonia always seh. "Mi nuh tek debt fi mek people impress; mi tek debt fi build mi future."

Key Takeaways Fi Understand Debt Like a Boss

1. **Debt a nuh yuh enemy** – It's di way yuh use it.
2. **Borrow wid purpose, not just fi show off** – Mek sure di debt goin' give yuh back someting.
3. **Manage yuh payments** – Set reminders, write it down, do wha yuh have fi do fi keep track.
4. **Yuh future bright if yuh tek di right kind a debt** – Mek debt work fi yuh, nuh di other way around.

Action Steps: Mek Debt a Tool, Nuh a Burden

Take out a pen, write down a big goal yuh have – someting yuh really waan reach. Maybe yuh waan own a likkle piece a land, or yuh waan fi start a side hustle selling yuh crafts. Write down how much it might cost, an den mek a plan. Would a loan help yuh reach it faster? Can yuh manage di payments? If di answer is yes, dis might be yuh green light fi start. But remember, only borrow fi someting dat goin' mek yuh back money.

Words

Mek wi change how wi see debt. Fi too long, debt get di blame fi hold people back. But really, debt is just a tool – one weh can build yuh dreams if yuh use it right. As yuh move through dis book, we goin' show yuh more ways fi mek debt work fi yuh, so by di time yuh done, yuh a debt expert, ready fi turn yuh dreams into reality.

Chapter 2: Types of Debt: Choose Wisely

Introduction: Fi Understand Debt as a Tool Fi Yuh Goals

Di first ting wi haffi clear up right now is dat debt nuh fi run from—if yuh know how fi use it right, it can actually help yuh reach di big goals yuh have in life. Debt a jus' one tool weh yuh can use, an like any tool, yuh haffi know how fi handle it before it start wuk fi yuh instead a mek yuh life harder.

Plenty Jamaicans believe seh tekkin on debt only lead yuh down a bad road, an it true if yuh nuh careful, debt can turn inna one nightmare. But hear mi out: wid di right debt and a plan fi manage it, yuh can turn debt into someting positive fi build yuhself up.

Dis chapter wi a go break down di different type a debt weh yuh can find, from personal loans, car loans, credit cards, student loans, an business loans, to di risky one dem like payday loans an loan sharks. Wi waan mek sure yuh understand how each one work an di right way fi use dem inna yuh life.

Section 1: Personal Loans: Borrow Fi Yuh Needs, Not Yuh Wants

Personal loans inna Jamaica is di kinda loan weh people usually tek when dem need cash quick, but dem nuh have enough savings fi cover tings like a sudden medical expense or fi fix up dem house after a storm mash up di roof. Personal loans can be a lifesaver, but yuh haffi be careful an only tek one fi di tings yuh really need, not fi luxuries or things yuh can live widout.

How Personal Loans Work

A personal loan is money weh yuh borrow from a bank or credit union, an yuh haffi agree fi pay back over a certain time wid interest. Di bank mek money off yuh loan by charging interest, which is di extra percentage yuh haffi pay back pon top of di money yuh borrow. Personal loans usually have a fixed interest rate, so yuh know how much yuh haffi pay each month till di loan done.

When Fi Tek A Personal Loan

Tek a personal loan only if yuh have a plan fi pay it back, an if yuh sure seh it goin' benefit yuh future. Here's a few examples fi show di kinda situations weh a personal loan can help yuh out:

1. **Fi Medical Expenses**: Suppose yuh haffi get urgent medical care an yuh cya find di cash right away. Di personal loan can cover di cost, an yuh plan fi pay it back over time.
2. **Fi Home Repairs**: Yuh roof blow off inna di hurricane season, an yuh cya live wid a hole inna di roof. A personal loan might be worth it fi get di repairs done, as long as yuh know yuh can afford di payments.

Example: Jean an Di Roof Repair Loan

Jean, a single madda from St. Mary, find harself in a tight spot when di last hurricane pass an leave har house roof damaged bad. She decide fi go fi a personal loan wid a bank fi fix it, looking fi one wid di lowest interest rate an flexible payment plan. She use di loan fi do di repairs, an wid a plan in place, she manage fi clear off di loan in under a year. Dis a di kinda smart use of a personal loan dat help yuh mek progress widout piling up unnecessary debt.

Tips Fi Manage A Personal Loan Wisely

- **Stick Fi Yuh Plan**: Mek sure yuh budget di monthly payments, so yuh nuh end up short.

- **Choose A Loan Wid Low Interest**: Di interest add up quick, so di lower di rate, di betta fi yuh.
- **Avoid Late Payments**: Late payments add penalty fees, so always pay pon time fi avoid dat.

Section 2: Business Loans: Fi Di Visionaries an Hustlers

Business loans are one of di most powerful tools inna yuh financial toolkit, especially fi Jamaicans who waan start up dem own ting. Business loans can help yuh set up shop, expand yuh business, or even add new equipment fi improve di quality a yuh product or service. But wid big potential come big responsibility—if yuh business cya mek enough fi cover di loan payments, yuh can end up in a sticky situation.

How Business Loans Work

A business loan a cash weh yuh borrow wid di goal of growing or starting up yuh business. Unlike personal loans, di bank or credit union goin' want fi see seh yuh have a solid business plan before dem lend yuh di money. Dem also likely fi tek a close look at yuh credit score, fi see if yuh can handle a loan. If di bank believe inna yuh plan, yuh have a chance fi get a loan wid reasonable interest.

Steps Fi Getting A Business Loan in Jamaica

1. **Create A Strong Business Plan**: Yuh business plan need fi detail what yuh goin' do wid di money an how it goin' mek a profit. Show di bank seh yuh serious.
2. **Prepare Fi Show Financial Stability**: Di bank goin' look pon yuh credit history an maybe even ask fi collateral. Di more stable yuh finances look, di better chance yuh have.
3. **Choose Di Right Loan Type**: Some loans are specific fi certain types a business, like farming loans, equipment

loans, or loans fi small enterprises. Know what yuh need before yuh apply.

Example: Mike an Him Jerk Spot Expansion

Mike run a jerk spot inna Portmore, but di place start get so popular dat him need more equipment an space fi serve all di people coming through. Him go to di bank wid a solid business plan an show di bank how much profit him already mek. Him get di loan an use it fi expand di shop, an now, him pulling in more profit an even employ two more people from di area. Mike use di business loan smartly, an it help him tek di business fi a next level.

Tips Fi Using Business Loans Wisely

- **Use Di Money Only Fi Di Business**: Don't use business loan money fi personal expenses.
- **Keep Track Of Di Finances**: Monitor di income an expenses carefully fi mek sure yuh keeping up wid di loan payments.
- **Plan Fi Pay It Back**: Tek time fi create a payment plan before yuh even tek di loan, so yuh nuh get blindsided.

Section 3: Credit Cards: Di Double-Edged Sword

Credit cards are a type of debt weh many people overlook until di debt start pile up. A credit card can be a convenient tool fi everyday purchases, especially fi emergency expenses or small shopping, but if yuh nuh manage it carefully, it can turn into a serious problem. Wid credit cards, yuh haffi remember dat yuh borrowing di money each time yuh swipe, an if yuh nuh pay it back in full when di bill come, yuh goin' get charge interest.

How Credit Cards Work

A credit card give yuh access fi borrow small amounts at a time, but yuh haffi pay back every month or face high interest. Credit cards usually have di highest interest rates compared to other loans, so di debt grow quick if yuh leave di balance unpaid. If yuh can manage di card right an pay di balance in full each month, it can actually help build yuh credit.

Pros an Cons of Credit Cards

Pros

- Good fi building credit when used responsibly.
- Convenient fi small, everyday purchases.
- Some cards offer rewards like cashback.

Cons

- High-interest rates mean di debt grow fast.
- Easy fi overspend an get caught inna debt.
- Late fees can add up quick.

Example: Tina an Di Credit Card Trap

Tina get a credit card fi emergencies, but she start using it fi buy clothes an go out wid friends. Di balance pile up fast, an she cya pay it off in one go. Di interest mek di debt grow every month, an now she haffi cut back pon her spending jus' fi manage di payments. Tina learn di hard way seh credit cards need fi be used wid caution.

Tips Fi Manage Credit Cards Wisely

- **Only Spend What Yuh Can Pay Back**: If yuh cya pay it off when di bill come, don't buy it.
- **Pay On Time Every Month**: Avoid late fees an interest by paying di full balance every month.
- **Use It Sparingly**: Credit cards are not free money, so only use dem when absolutely necessary.

Section 4: Car Loans: A Tool Fi Mobility But Use Caution

Fi plenty Jamaicans, owning a car is a big deal, an car loans mek it possible fi many people fi buy a vehicle. But tek note, a car loan is different from other loans because cars lose value quickly, meaning it nuh really appreciate like land or a house. Car loans are often short-term, so di monthly payments can be high, which can strain yuh finances if yuh cya handle di extra cost.

How Car Loans Work

When yuh tek out a car loan, yuh borrowing di money fi buy di car an goin' haffi pay back di bank or lender each month wid interest. If yuh miss di payments, di bank can tek back di car, an yuh lose both di car an di money yuh already pay.

Key Factors Fi Consider

1. **Depreciation**: Cars lose value every year, so think 'bout if di investment worth it fi yuh situation.
2. **Interest Rates**: Find di loan wid di lowest interest rate yuh can, as higher rates mek di loan cost way more.
3. **Monthly Budget**: Only tek a car loan if yuh know yuh can manage di payments comfortably.

Example: Rohan's Car Loan Dilemma

Rohan tek a car loan fi buy a new vehicle, but di payments were more dan him expected. On top of di loan, him haffi pay fi gas, insurance, an maintenance. Di debt start feel overwhelming, an him end up selling di car an going back fi public transport. Rohan realize seh car ownership come wid nuff hidden costs, an him nuh ready fi it yet.

Debt Comparison Chart

Debt Comparison Chart

Type of Debt	Pros	Cons	Ideal For
Personal Loan	Flexible, lower interest	Requires discipline fi pay	Emergencies, essential expenses
Business Loan	Helps grow business	Risk if business nuh succeed	Entrepreneurs, business expansion
Credit Card	Builds credit, convenient	High interest, risky fi overspend	Small purchases, emergencies
Car Loan	Makes car ownership possible	Depreciates quickly, high costs	Essential vehicle purchase
Payday Loan	Quick cash	Extremely high interest	Last resort, emergency only

Tek Time Fi Choose Wisely

Di key takeaway from dis chapter is dat all debt nuh created equal. Tek time fi study each type a loan an how it fit wid yuh financial goals. Always plan out di full picture before yuh borrow, an remember fi keep di focus pon borrowing fi di tings dat goin' build yuh future, not weigh yuh down.

This expanded version of Chapter 2 covers debt types with an in-depth approach, practical examples, and actionable advice, maintaining the patois and relatable tone. Let me know if there are additional elements or examples you'd like integrated, or if this expanded structure aligns with what you're aiming for in the book!

Section 5: Student Loans: Investing inna Yuh Education an Future

When it come to di pursuit of education, a student loan can be a valuable tool. In Jamaica, nuff youth nuh have di means fi pay fi college or university straight outta pocket, an dat's where student loans come in. But hear dis—student loans are still debt, an dat mean yuh haffi think long an hard about how yuh goin' pay it back after yuh graduate. A good education can open doors fi a better future, but only if yuh handle di loan responsibly from di start.

How Student Loans Work

A student loan is money dat yuh borrow specifically fi pay fi school fees, books, accommodation, an even tings like meal plans or transportation. Most student loans come wid interest rates dat are a likkle lower dan personal loans, an some even give yuh a grace period (time before yuh start paying back) after yuh graduate fi find a job.

However, if yuh borrow big an yuh cya find work right away, di loan can turn into a heavy weight pon yuh shoulders. So, yuh need fi consider di job prospects in yuh field an di potential salary yuh could earn before tekkin out dat loan.

Pros and Cons of Student Loans

Pros

- Access fi higher education dat yuh might not afford otherwise.
- Lower interest rates an more flexible repayment options.
- Some loans offer grace periods, giving yuh time fi get settled after school.

Cons

- Adds debt before yuh even start earning.
- If yuh cya find work quick, di debt start grow wid interest.
- Can be hard fi pay off if di job market nuh favorable fi yuh chosen field.

Example: Jody's Nursing Degree

Jody decide fi tek out a student loan fi study nursing, knowing seh nurses always in demand. After she graduate, she find work quick, an she start paying back di loan widout delay. She plan fi pay a likkle more each month dan di minimum required, which help har clear off di debt faster an save pon interest. Fi Jody, di student loan was a smart move weh benefit har career an set har up fi a stable income.

Tips Fi Managing Student Loans Wisely

- **Know Di Payback Plan**: From di start, understand di repayment terms an start planning how yuh goin' tackle it.
- **Only Borrow What Yuh Need**: Avoid tekkin out more dan yuh need fi school expenses, as every dollar borrow haffi pay back.
- **Start Paying Early**: If yuh can, start making small payments while yuh still in school fi reduce di balance an interest early on.

Section 6: Mortgages: Building Fi Yuh Own Piece a Di Rock

A mortgage is one of di most common types a loans Jamaicans tek when dem ready fi buy a home. Fi many, owning a home is a dream dat come wid a sense of security an pride, especially when yuh own a likkle piece of di land as well. Mortgages are generally considered "good debt" because di money yuh borrow is tied up in an asset dat often appreciate in value.

How Mortgages Work

A mortgage is a long-term loan dat yuh use fi buy a house or land. Yuh usually haffi pay back over 15 to 30 years, wid monthly payments. Di bank or mortgage lender technically own di house until yuh pay off di loan, but yuh get fi live in it an treat it as yuh own from di start. If yuh miss too many payments, however, di bank can repossess (tek back) di property, which is why planning an budgeting is crucial.

Di Benefits an Risks of Mortgages

Benefits

- Allows yuh fi own property, which can appreciate in value.
- Payments are stable (if yuh have a fixed-rate mortgage).
- Homeownership provide security an can be a source of wealth building.

Risks

- Big commitment; missing payments can mean losing yuh home.
- Interest an fees can add up, especially if di loan term long.
- Property values can fluctuate, so it nuh always guarantee profit if yuh sell.

Example: Di Browns an Dem First Home

Di Brown family dream fi own a house fi years. After saving up fi a down payment, dem go fi a mortgage wid a bank an buy a modest home. Di Browns mek sure seh di monthly mortgage payments fit inna dem budget, an dem prioritize di payments above other expenses. In ten years, di value of di house nearly double, giving dem an asset weh can help dem family fi generations.

Tips Fi Managing A Mortgage

- **Save Fi A Down Payment**: Di bigger di down payment, di smaller di loan, which means less interest fi pay.
- **Stay Within Yuh Budget**: Only tek a mortgage weh di monthly payment fit comfortably inna yuh budget.
- **Consider Di Long-Term Plan**: Think 'bout how long yuh waan stay inna di home; selling early can mean losing money.

Section 7: Payday Loans an Loan Sharks: Avoid Di Trap

Payday loans an loan sharks are two of di riskiest types a debt yuh can tek on. While payday loans are often legal, dem come wid extremely high interest rates, weh can quickly turn a small loan into a big debt. Loan sharks, on di other hand, are usually unregulated lenders who offer money wid dangerous terms, often using intimidation or threats fi collect payments.

How Payday Loans Work

A payday loan is a short-term loan dat yuh haffi pay back by yuh next paycheck. Di idea sound simple, but di interest rate can be as high as 400% per year, which mek it easy fi get trapped inna a cycle of debt. If yuh miss di repayment date, di loan provider might roll over di loan, adding more fees on top.

Di Dangers of Loan Sharks

Loan sharks operate outside di law, an while dem might mek it sound easy fi get quick cash, dem often demand high payments in return. Loan sharks also use intimidation fi get di money back, an missing a payment wid dem can put yuh in a serious situation.

Example: Jerome an Di Payday Loan Trap

Jerome tek a payday loan fi cover a car repair, thinking seh him goin' pay it back di next week. But him end up short on di due date, an di lender roll over di loan, adding more fees. Di small loan turn into a massive debt inna just a few months, an Jerome spend nearly a year trying fi pay it off.

Alternatives to Payday Loans an Loan Sharks

- **Credit Union Loans**: Many credit unions offer small loans wid much lower interest rates.
- **Family or Friends**: If yuh inna a bind, consider asking someone yuh trust fi a loan before turning to payday lenders.
- **Budgeting an Saving**: Build up an emergency fund fi avoid di need fi quick loans in di future.

Section 8: Debt Comparison Chart: Quick Look Fi Choose Wisely

This chart below provide a quick reference fi di types a debt covered inna dis chapter, wid pros, cons, an recommended uses fi each one.

Type of Debt	Pros	Cons	Best Use
Personal Loan	Flexible, lower interest	Requires discipline	Emergencies, essential needs
Business Loan	Helps grow business	High risk if business fails	Business setup/expansion
Credit Card	Builds credit, convenient	High interest, risky if unmanaged	Small purchases, emergencies
Car Loan	Access to vehicle	Depreciates quickly, high payments	Necessary transportation
Student Loan	Helps fund education	Adds debt early, interest accumulates	College or vocational education
Mortgage	Builds home equity	High commitment, risk of foreclosure	Buying a home/land
Payday Loan	Fast access to cash	Extremely high interest, traps borrowers	Emergency only, if no alternatives

Choose Wisely Fi Mek Debt Wuk Fi Yuh

At di end of di day, di key message from dis chapter is dat all debt nuh created equal. Some debt, like student loans an mortgages, can actually help yuh build wealth if used wisely. Other types, like payday loans an loan sharks, can ruin yuh financial health quick if yuh nuh careful. Mek sure yuh understand what each type of debt mean fi yuh life, an remember seh tekkin on debt need planning, responsibility, an a clear plan fi payback.

Reflection: Bringing it All Together Fi Di Series

In di series so far, yuh been learning bout managing yuh money, investing, an now, handling debt. Dis chapter on debt should remind yuh dat debt cya be useful when it's managed right, jus' like di savings an investments yuh setting up. When debt, savings, an investments work together, yuh building a stable financial future fi yuhself an fi di generations fi come.

Section 9: Building A Debt Management Plan: How Fi Use Debt Wisely An Stay Ahead

So now dat yuh understand di different types of debt, di real question is: how can yuh make debt wuk fi yuh without letting it control yuh? Having a debt management plan help yuh stay in charge of di debt, giving yuh clear steps fi tek so di loan payments nuh sneak up an surprise yuh.

Steps Fi Creating A Solid Debt Management Plan

1. **Assess Yuh Current Financial Situation**
   Take stock of all di debt yuh have right now. Whether it's a credit card, car loan, or student loan, yuh haffi know di total amount, di monthly payments, an di interest rates. Dis way, yuh can decide which debt need yuh attention di most.
2. **Prioritize Yuh Debt**
   Not every debt carry di same weight—some loans have higher interest rates dan others, so it mek sense fi prioritize di debt dat cost yuh di most. Start by listing di highest interest debts first an work down from there. Yuh want fi clear di debts dat grow faster so yuh cya free up money fi handle other payments.
3. **Set Realistic Repayment Goals**
   Once yuh know yuh debts an how much yuh can afford fi pay each month, set goals fi di repayments. Whether it's fi

pay off one loan in a year or clear yuh credit card balance monthly, goals mek it easier fi track progress an stay motivated.

4. **Stick Fi Di Budget**
   Building a budget wid debt payments as priority help yuh avoid missed payments an penalties. Include all di essentials—food, utilities, transportation—but keep di debt payments at di top.

5. **Build An Emergency Fund**
   One of di best ways fi prevent more debt is by setting up a small emergency fund. Even if it's just a couple thousand dollars, having dis reserve help yuh handle small, unexpected expenses widout tekking on new debt. Start small if yuh need fi, an build up over time.

Example: Leah's Debt Payoff Journey

Leah, a teacher from Montego Bay, have a student loan, a car loan, an a credit card balance. Di interest pon di credit card a di highest, so she decide fi pay dat off first by putting a likkle extra money pon di balance each month. By clearing di credit card balance faster, she save herself nuff money pon interest, an now she focus pon di car loan wid di same strategy. Leah learn seh even small extra payments can help yuh tek control of debt an save money over time.

Section 10: Protecting Yuhself From Debt Scams An Predatory Lenders

In Jamaica, an even globally, di risk of falling victim to debt scams an predatory lenders is real. Nuff people in financial trouble can end up being preyed on by fake lenders, loan sharks, an scammers who promise quick cash but mek yuh end up deeper in debt or in serious trouble.

How Fi Spot A Debt Scam

1. **Be Wary Of High-Pressure Tactics**
    Any lender or loan officer who push yuh fi sign papers
    quick, promise money widout background check, or say
    things like "no need fi worry 'bout interest" is a red flag.
    Real lenders follow a process.
2. **Check Di Interest Rates**
    Legitimate lenders are upfront 'bout di interest rates an
    fees. If yuh cya find clear information on di rate, chances
    are, di loan might be a scam.
3. **Beware Of Upfront Fees**
    Some scammers will ask fi yuh pay an upfront fee fi
    "secure" di loan or "process" di paperwork. Legitimate
    lenders usually deduct fees from di loan amount, so any
    request fi money before yuh get di loan is suspicious.
4. **Verify Wid Di Bank Of Jamaica**
    Di Bank of Jamaica regulate legitimate lenders. Check fi
    see if di company yuh dealing wid is listed an approved,
    especially if it's not a known bank or credit union.

Example: Mr. Thomas an Di Fake Loan Company

Mr. Thomas receive a call from a company claiming yuh won a
chance fi get a "special loan wid zero interest." Di man ask him fi
send a "small processing fee" upfront. Mr. Thomas feel
suspicious, so him check wid di Bank of Jamaica an find out seh
di company nuh real. By checking di legitimacy first, him avoid
getting scammed outta di likkle money him had.

Section 11: Debt Repayment Techniques Fi Save Yuh Money In Di Long Run

When it come to paying back yuh debt, using di right strategy can
mek a big difference pon how much yuh pay in di end. Two

popular techniques fi debt repayment include di "Debt Snowball" an di "Debt Avalanche" methods. Each approach help yuh tackle debt in a different way, so choose di one dat suit yuh situation an personality best.

Debt Snowball Method

Wid di Debt Snowball Method, yuh start by paying off di smallest debt first, then move pon to di next smallest. Di idea is fi build momentum an stay motivated as yuh knock out one debt after di other.

- **Pros**: Di quick wins give yuh a psychological boost, keeping yuh motivated fi continue paying off debt.
- **Cons**: Di Snowball Method might mean yuh paying more in interest overall if yuh ignore bigger, higher-interest debts.

Debt Avalanche Method

Di Debt Avalanche Method focus pon paying di debt wid di highest interest rate first, then moving down di line. Dis method can save yuh more money in di long run since it target di debts dat grow di fastest.

- **Pros**: Saves yuh more money pon interest payments, helping yuh pay less overall.
- **Cons**: Can be hard fi stay motivated if di high-interest debt is large an tek long fi pay off.

Example: Sharon's Strategy Fi Debt Freedom

Sharon have three different debts: a credit card balance, a small personal loan, an a larger student loan. She decide fi use di Debt Avalanche Method, starting wid di credit card since di interest high. After she clear di credit card, she put di money she used fi dat payment towards di personal loan, an continue di cycle. Sharon save a good amount pon interest by tackling di debts dat cost her di most first.

Section 12: How Debt Can Actually Help Yuh Build Wealth

Inna di right situations, debt can act as a powerful tool fi build wealth instead a drain it. Some types a debt, like mortgages, student loans, an even certain business loans, can mek it possible fi yuh achieve bigger financial goals dat lead to a more secure future. But yuh need fi be smart wid it an have a clear plan fi mek it wuk fi yuh, not against yuh.

When Debt Is "Good Debt"

1. **Home Ownership**: A mortgage can be a form a good debt because di money invested inna di home build equity, an di property might appreciate over time.
2. **Higher Education**: Investing in yuh education can increase yuh earning potential, making it easier fi repay di student loan an build a strong career.
3. **Business Expansion**: If yuh have a solid business plan, a business loan can be used fi grow yuh operations, which mek it easier fi tek yuh business fi di next level.

Example: Rachelle's Smart Investment

Rachelle open a small salon an decide fi tek a business loan fi buy some high-quality equipment an redo di space. Di loan cost her a bit each month, but di improvements draw more customers, increasing har income significantly. Over time, she manage fi pay off di loan early an now own di business outright, wid all di profit going straight inna har pocket.

Mek Debt Work Fi Yuh, Not Against Yuh

Di biggest lesson fi tek from dis chapter is dat debt can either mek or break yuh, depending pon how yuh use it. Di different types a debt we cover—personal loans, business loans, credit cards, car loans, student loans, mortgages, an payday loans—each come wid dem unique benefits an risks. When used responsibly, debt can be di bridge weh mek yuh reach yuh goals faster. But remember, planning an discipline are di two main ingredients fi successful debt management.

Final Reminders:

- Always choose di type a debt dat fit yuh needs an situation best.
- Stick to a budget an mek payments on time.
- Avoid predatory lenders an high-interest traps.
- Remember fi tek control over debt so it wuk fi yuh, not against yuh.

Reflection and Tie-Ins Fi Di Series

As yuh continue di journey wid dis series, di main goal is fi give yuh knowledge an confidence fi manage all areas a yuh financial life. Dis book on managing debt tie back to budgeting an savings, showing how di pieces fit together fi help yuh reach financial security. Use debt as a part a di bigger strategy fi build yuh future, knowing seh each step yuh tek bring yuh closer fi di stability yuh deserve.

Chapter 3: *Understanding di Jamaican Banking System*

Introduction: Why Banking Matters Fi Every Jamaican

Banking is more dan just somewhere fi keep yuh money—it a di foundation weh help yuh build a secure financial future. Whether yuh saving fi a rainy day, planning fi buy a home, or trying fi start a small business, di bank can play a crucial role in di journey. But it's essential fi know how fi use di banking system wisely, mekking sure yuh choose di right bank an di right services fi yuh unique needs.

Dis chapter goin' guide yuh through di ins an outs of di Jamaican banking system so yuh can feel confident managing yuh finances. From choosing di best type of account fi yuh lifestyle to understanding bank fees an using online services safely, we'll cover it all. Wid di right information, yuh can make yuh bank wuk fi yuh, not di other way around.

Types of Banks in Jamaica: Which One Right Fi Yuh?

Jamaica have several types of banks, each wid different benefits an services. Before yuh choose where fi keep yuh money, it's helpful fi know what each type of bank offer so yuh can mek di best decision fi yuh situation.

1. **Commercial Banks**
   - Commercial banks are di most common type, an yuh likely hear of big names like NCB, Scotiabank, an FirstCaribbean.
   - Dem offer a wide range of services from savings accounts to business loans, an dem have locations all over Jamaica.

- ○ Di drawback wid commercial banks is dat dem
    often have higher fees an strict requirements fi
    some accounts an services.

2. **Credit Unions**
   - ○ Credit unions are member-owned financial
     cooperatives dat focus pon serving di community.
   - ○ Because credit unions operate on a smaller scale
     an often reinvest profits into di community, dem
     usually have lower fees an better interest rates.
   - ○ Di membership requirements may vary, an yuh
     usually need fi join as a member before yuh can
     access di services.

3. **Building Societies**
   - ○ Building societies specialize in helping Jamaicans
     buy property, so dem focus on savings accounts an
     mortgage loans.
   - ○ Examples include Jamaica National (JN) an
     Victoria Mutual (VM) Building Society.
   - ○ Building societies are a good choice fi people who
     want fi save fi a home or tek out a mortgage wid
     lower interest rates.

Example: Choosing di Right Bank

If yuh just looking fi a simple savings account wid low fees, a
credit union could be di right choice fi yuh. On di other hand, if yuh
thinking 'bout buying a house, yuh might want fi explore what di
building societies offer, as dem tend fi provide better terms fi
home loans.

Choosing di Right Bank Account: Savings, Checking, an More

Now dat yuh know di types of banks, di next step is fi decide what
kinda account suit yuh best. Banks in Jamaica offer different
accounts fi different needs, so it mek sense fi choose wisely.

1. **Savings Accounts**
    - A savings account is ideal fi storing yuh money safely an earning interest over time.
    - Most savings accounts require a minimum balance, an yuh might be limited in how many times yuh can withdraw each month.
    - Choose a savings account if yuh aiming fi build an emergency fund or save fi a big purchase in di future.
2. **Checking Accounts**
    - Checking accounts, also known as current accounts, are meant fi regular, daily transactions.
    - Dem typically have higher fees dan savings accounts, but yuh can make unlimited withdrawals an payments.
    - Checking accounts are useful if yuh need easy access fi pay bills or handle frequent transactions.
3. **Special Accounts**
    - Some banks offer special accounts like youth accounts, senior accounts, or student accounts wid lower fees an specific benefits.
    - For example, a youth account could be useful fi teaching kids 'bout money, while a senior account might offer perks like lower fees or priority service.

Example: Julia's First Bank Account

Julia, a young woman from Kingston, start working an decide fi open har first bank account. Since she planning fi save up fi college, she choose a savings account wid a local credit union weh offer a good interest rate an low monthly fees. Dis choice help her build up har savings widout losing money to fees every month.

Bank Fees an Charges: What Yuh Should Know Before Yuh Sign Up

Fees are a big part of banking in Jamaica, an if yuh nuh careful, dem fees can add up quick. Every time yuh use yuh account, withdraw cash, or even let di balance drop below a certain level, di bank might charge yuh a fee. Knowing di common fees an how fi avoid dem is key fi mekking di most out of yuh bank.

Common Bank Fees in Jamaica

1. **Monthly Maintenance Fees**
   - Most banks charge a fee just fi keeping di account active each month, but some banks offer accounts wid no monthly fees if yuh meet a minimum balance.
2. **ATM Fees**
   - If yuh use an ATM dat nuh belong to yuh bank, yuh likely goin' get charge a fee. ATM fees can vary, but using di bank's own ATM is usually free or cheaper.
3. **Transaction Fees**
   - Some banks charge a small fee every time yuh mek a transaction, like transferring money or making a payment.
4. **Penalty Fees**
   - If yuh miss a loan payment or let yuh account go below di required minimum, yuh might face penalty fees.

Tips Fi Minimizing Bank Fees

- **Use Only Yuh Bank's ATMs**: Avoid using out-of-network ATMs as di fees add up fast.
- **Meet Di Minimum Balance Requirements**: Keep track of di balance requirements fi avoid monthly or penalty fees.

- **Consider Fee-Free Accounts**: Some credit unions an special accounts have low or no fees, so check around fi options dat save yuh money.

Online Banking an Mobile Services: Banking in Di Digital Age

Online an mobile banking mek it easy fi manage yuh money from anywhere. Most major Jamaican banks offer mobile apps or online platforms weh yuh can use fi check balances, transfer money, an even pay bills widout visiting a branch. Here's how fi make di most of online banking an stay safe.

Benefits of Online Banking

- **Convenience**: Yuh can manage yuh account 24/7 from home or on di go.
- **Quick Transactions**: Transferring money an paying bills can be done in minutes, saving yuh time.
- **Account Monitoring**: Yuh can check yuh balance an recent transactions anytime, which mek it easier fi track spending.

Safety Tips Fi Using Online Banking

1. **Secure Passwords**: Choose a strong password an change it regularly fi keep yuh account safe.
2. **Beware of Phishing**: Never click on suspicious emails or texts asking fi yuh login information—banks will never ask fi yuh details by email.
3. **Use Di Bank's App**: If possible, use di official bank app instead of a browser fi extra security.

Example: Mark's Experience wid Mobile Banking

Mark recently sign up fi online banking wid his bank's mobile app. Now, he can transfer money directly fi pay bills an even check his account balance before buying groceries. Di convenience help him stay on top of his budget, an di security features give him peace of mind knowing his money protected.

Key Takeaways

Choosing di right bank, account, an services is all 'bout finding di options dat support yuh financial goals. By understanding di types of banks, account options, an fees, yuh better prepared fi make di most of yuh banking experience. Banking is an essential part of building wealth an securing yuh future, so tek di time fi choose wisely.

Remember, di right bank relationship can mek all di difference when it come to handling yuh finances confidently an keeping yuh money secure.

Section 6: Accessing Loans an Credit Through Yuh Bank

Banks in Jamaica offer several types of loans, each designed fi meet different needs—whether yuh need extra cash fi personal reasons, want fi invest in a business, or planning fi buy a house. Knowing how fi navigate di loan process can save yuh both time an money, an also improve yuh chances fi get a good deal.

Types of Loans Offered by Jamaican Banks

1. **Personal Loans**
   - Personal loans are flexible, meaning yuh can use dem fi almost anything, from paying medical bills to funding a trip.
   - These loans often have higher interest rates compared to mortgages, but if managed responsibly, dem can help yuh cover important expenses.

2. **Business Loans**
   - Designed fi entrepreneurs an business owners who want fi start or expand a business, business loans help cover expenses like buying inventory, hiring staff, or renting a space.
   - Di bank may ask fi a business plan an possibly some form of collateral fi secure di loan, especially fi new businesses.
3. **Mortgages**
   - Mortgages are long-term loans specifically fi buying a home or land.
   - Dis type of loan requires a down payment (a percentage of di home's cost), an di monthly payments are spread out over many years. Mortgages are an investment, as di home or land can appreciate in value over time.
4. **Student Loans**
   - These loans help finance higher education, covering costs like tuition, books, an living expenses.
   - Student loans often come wid flexible repayment terms an lower interest rates, which mek dem a good option fi those pursuing further education.

Di Loan Application Process

Getting a loan from a bank involves some steps. Here's what yuh need fi know:

1. **Prepare Di Necessary Documents**
   - Banks usually require documents like ID, proof of income, bank statements, an sometimes collateral information. If yuh applying fi a business loan, bring a solid business plan dat shows yuh expected revenue.
2. **Understand Di Interest Rates**

○ Loan interest rates vary depending on di bank, di type of loan, an yuh credit score. It's essential fi know di interest rate an calculate how much di monthly payments goin' cost.

3. **Negotiate Fi Better Terms**
   ○ Sometimes yuh can negotiate fi a lower interest rate or betta terms. If yuh have a strong credit score or collateral, di bank might be willing fi give yuh a betta deal. Don't be afraid fi ask—dis is yuh money an yuh investment.

4. **Approval an Disbursement**
   ○ If di bank approves yuh application, di funds are disbursed directly into yuh account or given as a check. Make sure yuh understand di repayment terms an set a plan fi start paying back di loan immediately.

Example: Jerome's Business Loan Success

Jerome want fi open a small barbershop in Kingston but need funds fi buy equipment an rent a space. He visit a bank wid his business plan an prove seh he have experience in di field. Di bank approve him fi a business loan wid a reasonable interest rate, an Jerome now running a successful shop dat pay back di loan an mek a profit.

Section 7: Building an Maintaining Good Credit in Jamaica

Good credit is crucial fi anyone planning fi borrow money. Whether yuh need a personal loan, business loan, or mortgage, di bank goin' check yuh credit score fi see how well yuh handle debt. A strong credit score mek it easier fi access loans wid better interest rates, saving yuh money over time.

How Fi Build Good Credit

1. **Pay Bills On Time**
   - One of di best ways fi build good credit is fi pay all yuh bills on time, especially loan payments, credit card bills, an utilities. Late payments can lower yuh credit score.
2. **Keep Yuh Credit Card Balances Low**
   - High credit card balances relative to yuh credit limit can hurt yuh score. Aim fi keep balances below 30% of di limit.
3. **Don't Open Too Many New Accounts**
   - Applying fi multiple loans or credit cards in a short time can make yuh look risky to lenders. Tek it slow an only open new accounts as needed.
4. **Check Yuh Credit Report Regularly**
   - Review yuh credit report at least once a year fi make sure di information is accurate. If yuh find any errors, contact di credit bureau fi correct dem.

Maintaining Good Credit: Tips an Strategies

1. **Set Reminders Fi Payments**
   - Use reminders or automatic payments fi make sure yuh never miss a due date. Even one late payment can have a negative impact pon yuh credit score.
2. **Consider a Secured Credit Card**
   - If yuh new to credit or trying fi rebuild, a secured credit card (backed by a cash deposit) can be a good start. By making regular payments, yuh build a positive credit history.
3. **Avoid Maxing Out Credit Cards**
   - If yuh have a credit card, try fi spend only what yuh can pay off in full each month. Carrying a high balance over time hurts yuh credit score an leads to more debt.

Example: Tanya's Path Fi Building Good Credit

Tanya start wid a small credit card, making sure fi keep di balance low an pay it off every month. She also tek a small personal loan an stick fi di payment plan. Now, she have a strong credit score, which mek it easier fi get approved fi di mortgage she want fi buy har first home.

Section 8: Safe Banking Practices: Protecting Yuh Money an Information

Safe banking is essential, especially wid di rise of online banking an mobile apps. Keeping yuh account secure an avoiding scams protect yuh hard-earned money an di personal information tied to it. Here are tips fi staying safe wid yuh bank account.

Tips Fi Avoiding Scams an Fraud

1. **Use Strong Passwords an Change Dem Regularly**
   - Avoid using di same password fi multiple accounts. Create a unique, strong password fi yuh bank account, an change it every few months fi added security.
2. **Beware of Phishing Scams**
   - Scammers often try fi trick people by sending fake emails or texts dat look like dem come from di bank. Never click links or give personal information over email or text—if in doubt, contact yuh bank directly.
3. **Activate Two-Factor Authentication**
   - Many banks offer two-factor authentication, which send yuh a one-time code each time yuh log in. Dis added layer of security mek it harder fi unauthorized people fi access yuh account.
4. **Keep an Eye Pon Yuh Accounts**

- Regularly check yuh bank account fi any suspicious or unexpected transactions. Report any unauthorized activity fi di bank immediately fi stop further damage.

Example: Michael's Safe Banking Practices

Michael rely on online banking fi manage his finances, but him mek sure fi keep it secure. He use two-factor authentication, create a unique password, an always log out after using di bank's app. One day, him notice an unusual transaction, an him contact di bank right away. Di bank quickly reverse di charge an advise him fi update his password. Michael's quick action protect him from losing more money.

Section 9: Making di Most Out of Your Bank Relationship

Di relationship yuh build wid yuh bank can mek a big difference inna di services an support yuh receive. By engaging wid yuh bank, asking questions, an showing yuh commitment to handling money responsibly, yuh may access better opportunities an personalized assistance.

Building A Strong Relationship Wid Yuh Bank

1. **Be Transparent 'Bout Yuh Goals**
   - Share yuh financial goals wid di bank's representative so dem can suggest services or options dat match yuh plans.
2. **Use Financial Advice Services**
   - Many banks offer free financial advice fi members. Take advantage of dis service fi help yuh make smarter money decisions, whether it's fi savings, debt management, or investments.

3. **Seek Out Discounts or Fee Waivers**
   - If yuh have a good relationship wid yuh bank, yuh may be eligible fi fee waivers or lower rates. Banks sometimes offer discounts fi long-standing customers or people wid strong credit.
4. **Stay Updated On New Services**
   - Banks continuously add new products, offers, an digital tools. By staying informed, yuh can make use of new benefits dat fit yuh financial goals.

Example: Andrea's Partnership wid Har Bank

Andrea maintain a strong relationship wid her bank for years, using a checking account, a savings account, an even taking a business loan when she open har boutique. By staying connected, she access financial advice from di bank's consultant an receive a fee waiver on di business loan's initial setup fee. Dis positive relationship benefit both Andrea an di bank.

Closing Summary: Using Di Banking System Fi Empower Yuh Financial Life

Understanding di Jamaican banking system an di various services available is one of di best ways fi set yuhself up fi financial success. From choosing di right bank an account to learning how fi access loans, protect yuh information, an maintain good credit, di knowledge yuh gain in dis chapter give yuh di tools fi tek charge of yuh finances.

By building a strong relationship wid yuh bank an making informed decisions, yuh not only save money but also empower yuhself fi achieve long-term financial stability. Di Jamaican banking system have di resources yuh need fi mek di most out of yuh money—use dem wisely, stay vigilant, an keep building towards di financial future yuh want.

Chapter 4: *Using Loans an Credit Wisely*

Introduction: Di Power an Risk of Loans an Credit

Loans an credit are like double-edged swords: if yuh handle dem wid care, dem can help yuh reach yuh goals, but if yuh mismanage dem, yuh can find yuhself trapped inna cycle of debt. Knowing how fi use credit responsibly an tekking on loans dat mek sense fi yuh situation can mek di difference between financial success an struggle. In dis chapter, we goin' dive deep into how fi make credit an loans wuk fi yuh, focusing pon practical strategies, tips, an examples.

Understanding Di Different Types of Loans an How Fi Choose Wisely

Fi mek di right decision, yuh need fi understand di purpose of di loan yuh tekkin on. Each type of loan have a different purpose an come wid different terms, so yuh need fi know di best fit fi yuh goals.

1. **Personal Loans**
   - Ideal fi small purchases, medical bills, or emergencies. But remember, personal loans often have higher interest rates dan mortgages or business loans.
   - Choose a personal loan only if yuh need quick cash an have a clear plan fi pay it back.
2. **Business Loans**
   - Best fi those looking fi start or expand a business. Business loans usually require a business plan an may ask fi collateral.

- o Tek a business loan only if di business plan show real potential fi growth, an yuh have a strategy fi paying back di loan.

3. **Mortgages**
   - o Suitable fi buying a home or land. Mortgage payments spread over many years, an di home often appreciates in value.
   - o Choose a mortgage if yuh ready fi commit long-term an have a stable income fi cover di payments.

Example: Patrick's Smart Loan Choices

Patrick, a young professional, decide fi buy a home an start a small side business. He choose a mortgage wid a low-interest rate fi di house an a small business loan fi his new venture. By carefully comparing options an choosing di right type of loan fi each goal, he manage fi build a strong foundation widout getting overwhelmed by debt.

Using Credit Wisely: Fi Daily Expenses an Long-Term Benefits

Credit can be helpful fi daily purchases or unexpected expenses, but yuh haffi use it wisely fi avoid piling up debt.

1. **Use Credit Only Fi What Yuh Can Pay Off Each Month**
   - o Credit cards are convenient, but interest add up quick. Try fi use credit cards only fi purchases yuh can pay off completely when di bill come due.
2. **Build Good Credit Wid Small, Regular Payments**
   - o Use yuh credit card fi small purchases like groceries or gas, an pay di balance each month. Dis help build good credit widout risking debt.
3. **Avoid Carrying High Balances**

- Carrying high balances can affect yuh credit score an lead to more debt. Try fi keep di balance below 30% of yuh credit limit.

Example: Michelle's Credit Card Strategy

Michelle use her credit card fi small purchases an always pay di balance in full. By sticking fi her budget an avoiding large charges, she build a strong credit score, making it easier fi her to apply fi a mortgage wid better terms in di future.

Creating A Loan Repayment Plan: Fi Stay Ahead an Avoid Default

One of di best ways fi manage loans responsibly is fi create a repayment plan. Setting clear goals, making timely payments, an understanding di cost of di loan help yuh avoid default an build good credit.

1. **Calculate Monthly Payments an Budget Fi Dem**
   - Know how much di loan payment goin' cost each month an budget fi it. Ensure yuh have enough room inna yuh budget fi cover payments widout falling behind.
2. **Pay More Than Di Minimum**
   - If yuh can, pay a likkle extra pon di loan each month fi reduce di balance faster an save pon interest.
3. **Set Automatic Payments**
   - Setting automatic payments help ensure yuh never miss a due date, protecting yuh credit score an avoiding late fees.

Example: Sam's Loan Repayment Plan

Sam have a car loan an decide fi pay an extra $2,000 each month pon di principal. By paying extra, he reduce di overall balance quicker, saving money pon interest an finishing di loan a year early.

Debt Consolidation: When an How Fi Simplify Yuh Debt

Debt consolidation can help people wid multiple loans by combining dem into one loan wid a single payment. Dis can mek debt easier fi manage, especially if di new loan have a lower interest rate dan di previous ones.

Pros an Cons of Debt Consolidation

Pros

- Simplifies multiple debts into one monthly payment.
- Potential fi lower interest rates an monthly payments.

Cons

- Might require collateral, like yuh home or car.
- Extending di repayment period can mean paying more interest over time.

Steps Fi Consolidating Debt in Jamaica

1. **Gather All Yuh Loan Information**: Know di balance, interest rate, an monthly payment of each loan yuh want fi consolidate.
2. **Compare Interest Rates**: Look fi a consolidation loan wid a lower rate dan di average rate of di existing loans.
3. **Contact a Reputable Lender**: Work wid recognized financial institutions like banks or credit unions fi find a safe consolidation loan.

Example: Alicia's Debt Consolidation Success

Alicia have three loans wid different interest rates. By consolidating dem into one loan wid a lower interest rate, she simplify di payments an save money in di long run. Dis also reduce di monthly stress of managing multiple bills.

Avoiding Di High-Interest Trap: Payday Loans an Credit Card Debt

High-interest debt, like payday loans an certain credit cards, can quickly spiral out of control. Avoiding or minimizing dis type of debt protect yuh finances an reduce stress.

1. **Avoid Payday Loans Whenever Possible**
   - Payday loans come wid extreme interest rates. Explore options like credit unions or community loans before resorting to payday loans.
2. **Focus Pon Paying Off High-Interest Debt First**
   - If yuh have multiple debts, prioritize paying off di one wid di highest interest rate fi save money.
3. **Use Credit Wisely**
   - Only use credit cards fi manageable expenses an avoid maxing out di limit.

Example: Lisa's Journey to Clear High-Interest Debt

Lisa tek on credit card debt dat quickly build up due to high interest. She focus pon paying off di highest-interest balance first an now using her credit card only fi emergencies.

How Loans Can Help Yuh Build Wealth If Used Wisely

Loans can actually help yuh build wealth when used responsibly. Mortgages, business loans, an student loans, when planned carefully, can open doors fi long-term success an financial security.

1. **Use Mortgages as Investment**
   - Property often appreciate over time, so a mortgage can become an investment if di value of di home grow.
2. **Invest in Education Wid Student Loans**
   - Education increase earning potential, making student loans a smart investment if yuh choose a field wid strong job prospects.
3. **Expand Yuh Business Wid Business Loans**
   - A well-planned business loan can help yuh grow di business, increasing profits an expanding opportunities.

Example: David's Use of Loans Fi Build Wealth

David used a mortgage fi buy a property in Montego Bay, which appreciated in value over ten years. He also tek a small business loan fi start a restaurant. Today, both investments contribute fi his financial stability, an he comfortably managing di loan payments.

Closing Summary an Key Takeaways

Using loans an credit wisely can be one of di most powerful tools fi build financial security. By choosing loans dat support yuh long-term goals, creating a repayment plan, an avoiding high-interest debt traps, yuh empower yuhself fi reach yuh goals widout feeling buried by debt. Remember, each loan or credit decision yuh mek should be part of a bigger financial strategy, helping yuh secure a brighter future fi yuhself an yuh family.

Chapter 5: *Real Estate and Land Ownership - Fi Get Yuh Piece of Di Rock an Build Wealth*

Introduction: Why Property Ownership Matters Fi Jamaicans

Fi plenty Jamaicans, owning land or a home is more dan jus' a financial achievement—it's a major life milestone an a source of pride. Real estate, especially land an homes, can grow in value over time, providing financial security an a way fi leave a legacy fi yuh family. While buying property come wid responsibility, it's also one of di best ways fi build lasting wealth.

In dis chapter, we'll explore di steps fi buying property, from saving fi di down payment to finding di right home an navigating di mortgage process. Whether yuh looking fi a place fi call home or an investment fi future generations, property ownership is a powerful tool fi creating financial stability.

Saving Fi A Down Payment: Start Planning Early

Di first step in property ownership is saving up fi a down payment. Di down payment is a portion of di property's cost dat yuh pay upfront, an di rest is covered by di mortgage. In Jamaica, down payments are typically between 10% an 20% of di property price, so planning early an setting realistic saving goals is key.

Strategies Fi Saving A Down Payment

1. **Create A Dedicated Savings Account**
   - Open a separate account specifically fi di down payment. Dis way, yuh avoid using di funds fi other expenses an can keep track of yuh progress.
2. **Cut Back Pon Non-Essentials**
   - If buying property is a top priority, cut back on discretionary spending. Reduce unnecessary

spending on entertainment, dining out, or shopping so yuh can save faster.
   3. **Consider Side Gigs or Part-Time Work**
       ○ Taking on extra work or side gigs can help yuh build up yuh savings quicker. Consider using di income from side jobs specifically fi yuh down payment fund.

Example: Ricardo's Down Payment Journey

Ricardo, a young teacher in St. Ann, set a goal fi buy his first home in five years. He start by setting aside $15,000 each month in a separate account an tek on part-time tutoring fi earn extra income. By di time he ready fi buy, he save up a 15% down payment, making it easier fi him fi get approved fi a mortgage.

Understanding Mortgages in Jamaica: Choosing di Right Loan Fi Yuh Home

A mortgage is a loan specifically fi buying property, an in Jamaica, it's di most common way fi purchase a home. Mortgages vary widely, so understanding di options an di terms is crucial.

Key Mortgage Terms Fi Understand

- **Interest Rate**: Di percentage di bank charges fi lending yuh di money. Lower interest rates mean lower monthly payments.
- **Amortization Period**: Di length of time yuh have fi pay back di loan, often ranging from 15 to 30 years.
- **Principal**: Di original loan amount yuh borrow.
- **Down Payment**: Di portion of di home's price yuh pay upfront.

Types of Mortgages in Jamaica

1. **Fixed-Rate Mortgage**
   - Di interest rate stays di same for di entire term. Fixed-rate mortgages provide stability because yuh monthly payments won't change, but di rate might be a likkle higher dan variable options.
2. **Variable-Rate Mortgage**
   - Di interest rate can change over time based on market conditions. While variable rates start lower, dem can increase, affecting yuh monthly payments.
3. **Balloon Mortgage**
   - Wid balloon mortgages, yuh make lower monthly payments at first, but a large "balloon" payment is due at di end. Dis option can be risky if yuh cya afford di final payment.

Example: Carla's Mortgage Choice

Carla, a nurse from Montego Bay, decide fi choose a fixed-rate mortgage because she prefer stability. Wid a fixed monthly payment, she can budget easily an focus pon paying off di principal widout worrying 'bout di rate changing. Carla also tek di time fi compare banks an credit unions fi find di lowest rate available.

Choosing di Right Property: What Fi Look For Inna A Good Investment

Selecting di right property is crucial not only fi di comfort of living but also fi di financial benefit. Here are key factors fi consider when choosing property in Jamaica:

1. **Location, Location, Location**
   - Di location impact di property's value. A property in a developing area or near essential services, like schools an hospitals, may appreciate more in value over time.

2. **Neighborhood Quality**
    - Evaluate di neighborhood fi safety, community, an accessibility fi di places yuh frequent, like work or family. Di right neighborhood mek living more enjoyable an increase di resale value.
3. **Condition of di Property**
    - Inspect di home fi necessary repairs or maintenance needs. Even if di price seems attractive, di cost of repairs can add up quickly. Make sure yuh know di condition of di property an factor in any repairs needed.
4. **Future Development**
    - Check if any planned developments are coming to di area. New roads, shopping centers, or schools can increase di value of yuh property over time.

Example: Tanya's Property Investment

Tanya was considering two houses—one in an established neighborhood an one in a developing area near Portmore. She choose di property in di developing area because of di planned infrastructure upgrades an di potential fi di property value fi grow. Over di next few years, di property increased significantly in value.

Steps in Di Home-Buying Process: From Offer to Closing

Buying a home is a step-by-step process, an each step require careful planning. Here's di typical journey from finding a home to closing di deal:

1. **Research an Budgeting**
    - Before yuh start looking, set a budget based on what yuh can afford, including di mortgage payments, insurance, an property taxes.
2. **Pre-Approval Fi Di Mortgage**

- Getting pre-approved fi a mortgage show sellers dat yuh serious an give yuh a clear idea of how much yuh can afford.

3. **Find A Real Estate Agent**
   - An agent help yuh find di right property an navigate di buying process, especially if yuh new to real estate.

4. **Make an Offer**
   - Once yuh find di right property, yuh make an offer to di seller, usually through yuh agent. Di seller can accept, reject, or negotiate di offer.

5. **Inspection an Valuation**
   - An inspection is necessary fi check di property's condition. A valuation done by di bank ensures di property worth di loan amount.

6. **Closing**
   - After di offer is accepted, yuh finalize di mortgage, pay di closing costs, an sign di documents. Di keys are then handed over to yuh as di new homeowner.

Example: Chris an Di Home-Buying Process

Chris follow di steps carefully, from budgeting fi his dream house in Ocho Rios to getting pre-approved an working wid an agent. Di inspection reveal some repairs needed, which di seller agree fi fix before closing. By understanding each step, Chris avoid costly surprises an now happily settled in his new home.

Real Estate Investment: Renting Out Property Fi Extra Income

For those interested in building wealth wid real estate, renting out property can provide a steady stream of income. Renting also help cover di mortgage while di property appreciate in value.

1. **Setting Rental Rates**

- Research similar properties in di area fi set competitive rental rates. Remember fi consider di mortgage, maintenance, an potential vacancies when setting rates.

2. **Finding Tenants**
   - Screen tenants carefully to avoid issues. Verify income an references to ensure di tenants can pay rent an take care of di property.

3. **Managing Rental Income**
   - Keep records of all rental income an expenses fi budgeting an tax purposes. Use di income fi cover di mortgage an any property maintenance.

Closing Summary an Key Takeaways

Owning property in Jamaica is a major step towards financial stability an generational wealth. From saving fi di down payment to selecting di right mortgage an understanding di home-buying process, each step bring yuh closer fi owning a piece of di rock. By taking di time fi plan carefully, do yuh research, an invest wisely, yuh set yuhself up fi a brighter future an a legacy fi yuh family.

Chapter 6: *Protecting Your Wealth - Insurance, Emergency Funds, an Planning Fi Di Unexpected*

Introduction: Di Importance of Protecting What Yuh Build

Building wealth is a major accomplishment, but protecting dat wealth is equally important. Life has a way of throwing surprises—whether it's a medical emergency, job loss, or unexpected home repair. Widout di right protections in place, these events can wipe out savings an set back di progress yuh mek. Dis chapter focus pon safeguarding yuh hard-earned assets, from setting up insurance an emergency funds to making a long-term plan dat protect yuh legacy.

Di Basics of Insurance: Types an How Fi Choose di Right Coverage

Insurance is like a safety net weh catch yuh if yuh fall. Di right insurance coverage protect yuh financial foundation an mek sure dat unexpected expenses don't drain yuh wealth. In Jamaica, di main types of insurance yuh need fi consider are health, life, property, an vehicle insurance.

Types of Insurance Coverage

1. **Health Insurance**
   - Covers medical expenses, including doctor visits, hospital stays, an medications. Health insurance mek it easier fi handle high medical bills, especially in case of serious illness.
2. **Life Insurance**
   - Provides a payout to yuh family or beneficiaries if yuh pass away. Life insurance is important fi those

wid dependents, ensuring dat loved ones have
financial support.

3. **Property Insurance**
     o   Protects yuh home an belongings in case of
         damage from fire, theft, or natural disasters.
         Property insurance is especially important in
         Jamaica due to hurricane risk.
4. **Vehicle Insurance**
     o   Required by law in Jamaica, vehicle insurance
         cover damage to yuh car an third-party liabilities in
         case of accidents.

Choosing di Right Insurance Provider

When choosing an insurance provider, consider di following:

- **Reputation an Stability**: Look fi well-established providers
  wid strong reputations.
- **Coverage Options**: Ensure di policy cover yuh needs
  widout unnecessary extras.
- **Cost an Premiums**: Compare premiums across providers,
  but remember dat cheapest isn't always best.
- **Customer Service**: Check if di provider is known fi reliable
  customer service an easy claims processing.

Example: Simone's Insurance Choices

Simone is a young mother wid two kids an a small business in
Kingston. She decide fi get health an life insurance fi protect har
family in case of any emergencies. After comparing providers, she
choose a reputable company wid affordable premiums an flexible
policies, ensuring she have coverage dat fit har needs an budget.

Health Insurance: Securing Yuh Well-Being an Finances

Health insurance is essential fi covering unexpected medical expenses. Even a minor health issue can lead fi high bills, so having health insurance help prevent medical costs from draining yuh savings.

Types of Health Insurance Plans

1. **Individual Plans**
   - Suitable fi individuals who don't receive coverage through work. Dis type cover a range of health services, including doctor visits an hospitalization.
2. **Family Plans**
   - Cover di whole family under one policy, often wid discounts compared to individual policies.
3. **Employer-Sponsored Plans**
   - Some employers offer health insurance as part of benefits. Employer-sponsored plans are often cheaper since di company help cover di cost.

Choosing A Health Insurance Plan

- **Check Coverage Limits**: Look fi plans dat cover hospitalization, surgery, an outpatient services.
- **Consider Deductibles**: Lower deductibles mean higher premiums, but more coverage when yuh need it.
- **Compare Monthly Premiums**: Choose a plan dat fit yuh budget while providing adequate coverage.

Example: Marcus's Health Insurance

Marcus, a musician wid an active lifestyle, decide fi get health insurance fi cover any possible injuries or illnesses. He choose an individual plan wid low deductibles so dat he can access care widout delay. Dis decision protect him financially while giving peace of mind.

Life Insurance: Fi Protect Yuh Family an Leave A Legacy

Life insurance is a key part of financial planning fi anyone who have dependents. It provides a payout to yuh loved ones if yuh pass away, ensuring dem have di financial support dem need.

Types of Life Insurance

1. **Term Life Insurance**
    - Provides coverage fi a specific period (e.g., 20 years). If yuh pass away during di term, di policy pays out. Term insurance is usually cheaper dan whole life.
2. **Whole Life Insurance**
    - Offers lifetime coverage an builds cash value over time, which yuh can borrow against. Whole life is more expensive, but di cash value is a benefit.
3. **Endowment Policies**
    - A mix of insurance an savings, dis policy pay out a sum at di end of di term or if yuh pass away before di term ends. It's an option fi those who want both savings an life coverage.

Example: Rose's Life Insurance Choice

Rose is a single mother working as a teacher. She decide fi get a term life insurance policy fi 20 years to cover her daughter until she's financially independent. Di low premium makes it affordable, an Rose feel secure knowing her daughter will be protected if anything happen to her.

Building An Emergency Fund: Yuh First Line of Defense

An emergency fund is money set aside fi unexpected expenses, like medical bills, car repairs, or job loss. Dis fund act as a buffer so yuh don't haffi rely pon loans or credit fi handle emergencies.

How Fi Build An Emergency Fund

1. **Start Small an Build Over Time**
   - Begin wid small amounts, even $1,000 each week, an gradually increase as yuh budget allows.
2. **Aim Fi 3-6 Months of Expenses**
   - A fully-funded emergency fund should cover 3 to 6 months of living expenses. Start wid a smaller goal an work up to dis over time.
3. **Keep It Accessible But Separate**
   - Store di fund in a savings account dat yuh can access quickly in emergencies, but keep it separate from di main account to avoid dipping into it unnecessarily.

Example: Karl's Emergency Fund

Karl, a chef, started building his emergency fund by saving a small amount each payday. He now have three months' worth of expenses saved, giving him peace of mind dat he can handle emergencies widout going into debt.

Estate Planning: Preparing Fi Di Future an Protecting Yuh Legacy

Estate planning ensures yuh assets are managed according to yuh wishes if yuh pass away, an it's a crucial step fi protecting wealth. Setting up a will or trust allow yuh fi pass on property an other assets to loved ones, helping build generational wealth.

Steps in Estate Planning

1. **Create A Will**
   - Di will outline who inherit yuh assets an how dem should be distributed. It's a legally binding document dat protect yuh wishes.

2. **Consider Setting Up A Trust**
    - Trusts can be used fi manage assets on behalf of yuh beneficiaries, especially if yuh have young children.
3. **Review Beneficiaries Regularly**
    - Make sure di beneficiaries listed on life insurance, retirement accounts, an other assets are up-to-date.
4. **Communicate Yuh Plans Wid Family**
    - Discuss di estate plan wid yuh family so dem understand yuh wishes an avoid potential conflicts later on.

Example: Sarah's Estate Plan

Sarah own a small home an savings account dat she want fi pass on to her children. She create a will detailing how her assets should be divided an appoint a trusted family member fi manage di estate if anything happen to her. By planning ahead, Sarah protect her legacy an prevent any disputes.

Closing Summary an Key Takeaways

Protecting yuh wealth is a crucial part of building a secure financial future. Insurance, emergency funds, an estate planning provide di safety net needed fi handle life's uncertainties while keeping yuh financial foundation strong. By investing in these protections, yuh ensure dat di wealth yuh work hard to build can withstand unexpected challenges an benefit yuh family for generations.

Chapter 7: *Long-Term Financial Strategies - Mekking Smart Moves Fi Secure Yuh Future*

Introduction: Di Value of Thinking Long-Term inna Finances

In life, thinking long-term wid yuh finances is like planting a tree fi di future. It might start small, but wid time an care, it grow into something big an solid. Financial stability don't happen overnight—it's a result of smart, consistent choices dat build up over di years. In dis chapter, we goin' explore how fi mek yuh money work fi yuh in di long run, focusing pon investments, retirement planning, an other strategies fi mek yuh future secure.

Setting Long-Term Financial Goals: Di First Step Fi Success

Di foundation of any long-term strategy is having clear goals. Goals give yuh something fi work towards, helping yuh mek decisions dat align wid di bigger picture. When setting goals, it's important fi balance di short-term needs wid di long-term ambitions.

Examples of Long-Term Goals

1. **Buying A Home**
   - One of di most common long-term goals is home ownership. Saving fi a down payment an planning fi di mortgage require discipline an patience, but it's a powerful way fi build wealth.
2. **Retirement Savings**
   - Another major goal is saving fi retirement. Di earlier yuh start, di easier it becomes fi accumulate enough fi support yuhself comfortably in di later years.
3. **Building A College Fund Fi Yuh Children**

- If yuh have kids, planning fi dem education is a valuable goal. A college fund can help lighten di financial load when di time come.

Setting Timelines an Milestones

Break down di big goals into smaller, achievable milestones. If yuh saving fi a house, start wid a target fi di down payment an create a monthly savings goal. For retirement, set a target based on di age yuh plan fi retire an di lifestyle yuh envision. Reaching each milestone motivate yuh fi keep going.

Example: Nadia's Goal-Setting Process

Nadia, a teacher in Kingston, have two main goals: buying a house an retiring comfortably. She start by setting a five-year goal fi di down payment an open a dedicated savings account. She also start contributing a portion of her income to a retirement fund each month. By dividing di goals into smaller parts, Nadia find it easier fi track her progress an stay motivated.

Investment Basics: Mek Yuh Money Work Fi Yuh

Investing is a powerful tool fi growing wealth over time. Unlike savings, investments come wid risk, but di potential fi rewards are higher. Whether yuh new to investing or looking fi expand yuh portfolio, understanding di basics help yuh make informed choices.

Types of Investments

1. **Stocks**
   - Stocks represent ownership in a company. When yuh invest in stocks, yuh have potential fi earn dividends an capital gains. Stocks carry high risk but also offer high returns if di company grow.

2. **Bonds**
    - ○ Bonds are loans dat yuh give to companies or governments. Bonds tend fi have lower returns but are generally safer dan stocks, making dem a good option fi balance di risk.
3. **Mutual Funds**
    - ○ Mutual funds pool money from multiple investors to invest in a mix of stocks an bonds. Dem are managed by professionals, an provide a balance of risk an reward.

How Fi Choose Investments

- **Consider Yuh Risk Tolerance**: If yuh prefer low risk, focus pon bonds or mutual funds. If yuh willing fi tek higher risks fi bigger gains, stocks might be suitable.
- **Start Small an Build Gradually**: Invest a small amount initially an gradually increase as yuh gain confidence an knowledge.
- **Diversify Fi Reduce Risk**: Combining different types of investments help protect yuh portfolio from big losses.

Example: Troy's Investment Approach

Troy, a young entrepreneur, decide fi diversify by investing in stocks an mutual funds. He start wid small amounts in each, monitoring di market an learning as he go. Over time, he see growth in his investments, building confidence an expanding his portfolio wid more knowledge.

Retirement Planning: Saving Fi Yuh Golden Years

Retirement planning is about ensuring dat when yuh ready fi stop working, yuh still have di financial resources fi live comfortably. Di earlier yuh start, di more time yuh give yuh money fi grow, making it easier fi reach di amount yuh need.

Retirement Savings Options in Jamaica

1. **Pension Plans**
   - Many employers offer pension plans, where both yuh an di employer contribute fi yuh retirement savings. Check wid yuh employer fi see if dis option is available.
2. **Individual Retirement Accounts (IRAs)**
   - An IRA allow yuh fi contribute directly fi yuh retirement wid potential tax benefits. Di funds in di IRA grow over time, helping yuh reach yuh retirement goal.
3. **Savings Accounts Wid High Interest**
   - While savings accounts offer lower returns, putting a portion of retirement funds in a high-interest savings account help preserve di money safely.

Estimating Retirement Needs

Think 'bout di lifestyle yuh want in retirement an estimate how much yuh need each month fi cover expenses. Use dat number fi calculate di total amount yuh need saved, factoring in inflation an healthcare costs. By setting a clear target, yuh can plan how much fi contribute each month fi reach dat goal.

Example: Beverley's Retirement Plan

Beverley, a nurse, start contributing fi her employer's pension plan from her first job. Each month, she also add fi her own IRA, aiming fi retire at 60 wid enough savings fi live comfortably. Beverley's consistent contributions an early planning give her peace of mind 'bout her future.

Real Estate as a Long-Term Investment Strategy

Real estate is one of di best options fi long-term wealth building, especially if yuh buy property in an area where di value likely fi increase. Beyond home ownership, buying additional properties fi rent out or sell later is a strong way fi grow yuh wealth.

Options for Real Estate Investment

1. **Rental Properties**
   - Buying properties fi rent out is a reliable source of income. Rental income can cover di mortgage an provide extra cash flow.
2. **Buying Land**
   - Investing in land, especially in developing areas, offer potential fi high returns if di area develop over time.
3. **Flipping Properties**
   - Some investors buy properties, renovate dem, an sell dem fi a profit. Dis approach require careful planning an knowledge of di market.

Example: Donovan's Rental Income

Donovan buy a small apartment an decide fi rent it out fi extra income. Each month, di rental income cover di mortgage an even leave him wid a likkle profit. Over time, di property value increase, giving him di option fi sell later fi a significant gain.

Avoiding Get-Rich-Quick Schemes: Protecting Yuh Money Wid Patience

Get-rich-quick schemes promise fast returns, but dem often lead fi losses an disappointment. Building wealth take time, an di best investments grow gradually wid patience an discipline.

Recognizing High-Risk Schemes

- **Unrealistic Returns**: If an investment promise huge returns in a short time, approach wid caution.
- **Pressure Tactics**: Scammers often pressure people fi invest quickly. Tek time fi research an mek informed decisions.
- **Lack of Transparency**: Any investment widout clear information 'bout di risks an returns is likely risky or fraudulent.

Example: Lisa's Cautionary Tale

Lisa was approached wid an investment opportunity dat promised fi double her money in a few months. After doing research, she realize di company had no real product or service. She decide fi pass, protecting her savings from potential loss.

Closing Summary an Key Takeaways

Long-term financial stability come from patience, careful planning, an sustainable investment choices. By setting clear goals, choosing di right investments, an avoiding risky schemes, yuh mek steps fi secure a comfortable future. Remember, building wealth is a marathon, not a sprint, an by staying focused an disciplined, yuh ensure dat di efforts yuh mek today benefit yuh an yuh family fi years fi come.

Chapter 8: *The Right Mindset for Wealth Building - Developing Habits Fi Financial Success*

Introduction: Why Mindset Matters in Building Wealth

When it come fi building wealth, di way yuh think is just as important as di actions yuh tek. Developing a strong, positive mindset about money help yuh overcome challenges, spot opportunities, an stay committed fi yuh goals. A wealth-building mindset require focus, discipline, an patience, but wid di right habits, anyone can shift di way dem approach finances. Dis chapter will guide yuh through di key mental shifts an practices dat support long-term financial success.

Developing a Growth Mindset: Seeing Opportunities in Every Situation

A growth mindset means believing dat yuh have di power fi learn, adapt, an improve, no matter yuh current situation. Wid a growth mindset, setbacks don't define yuh—they become lessons an stepping stones.

Embracing Challenges as Learning Experiences

- **Learn from Mistakes**: Instead of seeing financial mistakes as failures, use dem as lessons. If a business venture or investment doesn't go as planned, analyze di reasons an apply di knowledge fi future decisions.
- **See Setbacks as Part of Di Process**: Building wealth is not a straight line. Sometimes, yuh goin' face delays or losses, but each experience brings valuable insights dat prepare yuh fi greater success.

Example: Michael's Growth Mindset in Business

Michael start a small food stall wid high hopes, but di first few months were rough. Sales were low, an he barely made enough fi cover costs. Instead of giving up, he focus pon improving his business skills, talking to successful vendors, an learning new marketing techniques. In six months, his persistence pay off as di stall became a popular spot. Michael's growth mindset allow him fi tek di tough start as a learning experience an build a profitable business.

Di Power of Goal-Setting: Keeping Yuhself Focused an Motivated

Setting clear goals is essential fi staying focused an tracking progress. Without goals, it's easy fi get sidetracked or lose motivation. Di process of setting goals help yuh define what yuh want an create a plan fi reach it.

Techniques Fi Effective Goal-Setting

1. **Be Specific an Measurable**
   - Instead of vague goals like "save more," set clear targets like "save $10,000 by year-end." Clear goals give yuh something concrete fi work towards.
2. **Use Vision Boards or Journals**
   - Visualizing yuh goals keeps dem fresh inna yuh mind. Creating a vision board or writing about yuh goals in a journal help yuh stay connected fi yuh dreams.
3. **Track Progress an Celebrate Wins**
   - Regularly check yuh progress an celebrate milestones along di way. Dis boost motivation an remind yuh of how far yuh come.

Example: Janine's Goal-Setting Strategy

Janine, a young woman saving for her first car, create a vision board wid pictures of di car she want an a savings tracker fi reach di down payment. Each month, she update di tracker, seeing di amount grow. Dis keeps her motivated, an by di end of di year, Janine reach her goal an buy di car.

Building Financial Discipline: Creating Habits Fi Di Long Run

Financial discipline is di foundation of wealth-building. It's about creating positive habits, like sticking fi a budget, avoiding unnecessary debt, an saving consistently. Discipline keep yuh focused an reduce di temptation fi stray from yuh path.

Steps Fi Building Discipline

1. **Automate Savings an Investments**
   - Set up automatic transfers fi yuh savings or investments. Dis way, yuh build wealth without having to remember every month.
2. **Stick Fi A Budget**
   - Creating an following a budget help control spending an prioritize savings. It also show yuh exactly where yuh money go each month.
3. **Practice Self-Control Wid Purchases**
   - Pause before making big purchases an ask if it align wid yuh goals. Practicing self-control help yuh avoid impulsive spending.

Example: Omar's Financial Discipline

Omar, a taxi driver wid a goal fi buy a house, decide fi set aside a portion of his daily earnings. By sticking fi his budget an automating his savings, Omar see his progress grow each month. In two years, he reach his goal an have enough fi a down payment.

Di Importance of Delayed Gratification: Sacrificing Today Fi A Better Tomorrow

Delayed gratification is di ability fi wait fi something better, rather than choosing immediate pleasure. It's an essential part of building wealth, because real financial success tek time an patience.

Practicing Delayed Gratification

- **Cut Back Pon Non-Essentials**: Avoid spending on items dat provide temporary satisfaction, like unnecessary luxuries or frequent dining out.
- **Plan Big Purchases Carefully**: Instead of buying di latest phone or car as soon as it come out, wait an evaluate if it's truly necessary.
- **Reward Yuhself Wisely**: Set up small rewards when yuh reach certain milestones, but keep di bigger goal in focus.

Example: Lisa's Patience Pay Off

Lisa had her eye pon a new smartphone, but decide fi wait an use her current one while saving di money. Six months later, she invest dat money in a mutual fund instead, seeing better returns over time. Her choice fi delay di purchase benefit her long-term wealth more than a new phone would have.

Staying Positive an Resilient: How Fi Handle Financial Setbacks

Building wealth comes wid challenges, an it's normal fi face setbacks. Maintaining a positive attitude an being resilient help yuh overcome difficult times widout losing motivation.

Strategies Fi Resilience

1. **Focus Pon Solutions, Not Problems**: When faced wid financial setbacks, concentrate pon finding solutions instead of dwelling on di issue.
2. **Learn From Setbacks**: Treat each setback as an opportunity fi grow. Understand what went wrong an how fi avoid it in di future.
3. **Stay Optimistic**: Remind yuhself of di progress yuh already made an di potential fi future success.

Example: Keisha's Resilience in Tough Times

Keisha, a hairdresser, lose clients during a slow season an see her income drop. Instead of panicking, she use di time fi learn new styling techniques, attract new clients, an promote herself online. Her resilience pay off as she rebuild her clientele an even increase her income.

Educating Yuhself Continuously: Staying Updated on Financial Knowledge

In di journey fi wealth-building, education is a lifelong process. Di more yuh learn, di more informed decisions yuh can mek, keeping yuh ahead an ready fi handle changes in di financial landscape.

Ways Fi Stay Educated

1. **Read Books an Articles on Finance**: Find books, articles, or blogs dat cover personal finance, investing, an budgeting.
2. **Take Financial Courses**: Many online courses offer practical advice fi managing money, often at little to no cost.
3. **Network Wid Financially-Minded People**: Surrounding yuhself wid knowledgeable people help keep yuh informed an motivated.

Closing Summary an Key Takeaways

Building a wealth mindset is about embracing a growth-oriented
approach fi finances, staying disciplined, an practicing patience.
By focusing on goal-setting, delayed gratification, resilience, an
continuous learning, yuh set up di foundation fi lasting financial
success. Remember, wealth is not just about how much money
yuh mek but about di habits yuh build along di way.

Chapter 9: *Giving Back - Di Role of Community in Wealth Building an How Fi Contribute Wisely*

Introduction: Why Giving Back Matters Fi True Wealth

Building wealth isn't just about accumulating money—it's about creating a life dat feels fulfilling an meaningful. Giving back is a way fi connect yuh success wid di community, sharing di benefits of wealth wid others an contributing fi a better future. Whether through donations, volunteering, or mentorship, giving back mek a positive difference in di lives of others an foster a stronger, more resilient community. Dis chapter goin' guide yuh through ways fi give back in a sustainable, impactful way.

Di Benefits of Giving Back: How Generosity Build Connections an Support Growth

Generosity can mek yuh feel more connected an fulfilled, an it also bring unexpected rewards. When yuh help others, yuh build networks, foster trust, an gain a sense of purpose dat often enhance personal growth.

Benefits of Generosity

- **Enhances Mental Well-Being**: Helping others can reduce stress an bring joy, making yuh feel happier an more fulfilled.
- **Builds Stronger Relationships**: People appreciate generosity an often reciprocate wid opportunities or support, expanding yuh network.
- **Promotes Resilience**: Being part of a community dat supports each other create a sense of security an stability.

Example: David's Experience of Giving Back

David, a small business owner, start volunteering at a local youth center, teaching basic financial skills. Over time, he build relationships wid di parents an community leaders, who now support his business by recommending it fi their friends an family. David's generosity not only help di community but also contribute fi di growth of his business.

Ways Fi Give Back Wisely: Volunteering, Mentorship, an Financial Contributions

Giving back go beyond money—it also include giving time, knowledge, an resources. Choosing how yuh give back based on yuh strengths an values mek di experience more fulfilling.

Methods of Giving Back

1. **Volunteering**
   - Giving time is often more impactful dan money. Volunteering at schools, shelters, or community events builds connections an mek a direct difference.
2. **Mentorship**
   - Sharing yuh knowledge an experience wid others, especially young people or aspiring entrepreneurs, can inspire an guide dem fi success.
3. **Financial Contributions**
   - Monetary donations are valuable, especially fi local charities or community projects. Setting a specific budget fi donations help yuh give back widout financial strain.

Example: Maria's Mentorship Journey

Maria, a successful accountant, dedicate a few hours each month fi mentor young women interested in finance. Through her mentorship, she not only help dem grow professionally but also gain satisfaction in knowing she contributing fi di future of her industry.

Creating a Giving Budget: How Fi Plan Fi Generosity Widout Financial Strain

Generosity should be part of yuh budget, jus' like savings or other expenses. By setting aside a specific amount fi giving, yuh can contribute sustainably.

Steps Fi Creating a Giving Budget

1. **Decide di Percentage of Yuh Income**
   - A good starting point is 1-5% of yuh income. Decide how much yuh comfortable setting aside based on yuh financial situation.
2. **Prioritize Causes**
   - Choose di causes yuh most passionate about an allocate funds accordingly. For instance, yuh might decide fi donate mostly fi education an healthcare.
3. **Set Boundaries**
   - It's easy fi get carried away wid generosity. Set limits so giving doesn't interfere wid yuh financial stability or goals.

Example: Sean's Giving Plan

Sean, a mechanic, decide fi set aside 3% of his monthly income fi local charities dat support youth programs. By creating a specific budget, he contribute regularly widout impacting his own financial needs.

Choosing Causes Wisely: Supporting What Align Wid Yuh Values an Goals

Giving is most impactful when it align wid yuh values an interests. Supporting causes dat resonate personally mek di act of giving more meaningful an strengthen di bond wid di community.

Tips Fi Choosing Causes

- **Identify Personal Values**: Think about causes dat resonate wid yuh values, like education, environment, or healthcare.
- **Research Organizations**: Look fi reputable charities or initiatives dat are transparent about how donations are used.
- **Balance Between Local an Broader Impact**: Consider giving fi causes dat benefit both di local community an broader initiatives dat align wid yuh values.

Mentorship an Knowledge Sharing: Helping Others Grow Fi A Stronger Community

Sharing yuh knowledge is one of di most powerful ways fi give back. Mentorship provide guidance an inspire others, creating a ripple effect of positive impact.

Benefits of Mentorship

- **Builds Community Trust**: Mentors help strengthen di community by sharing knowledge an helping others avoid mistakes.
- **Creates a Legacy**: Mentorship mek a lasting impact, as mentees carry forward di lessons an often become mentors themselves.
- **Personal Satisfaction**: Helping others reach their potential is deeply fulfilling.

Example: Anthony's Impact Through Mentorship

Anthony, a retired business owner, volunteers as a mentor fi
young entrepreneurs, sharing his knowledge on budgeting,
customer service, an business management. His guidance not
only help dem succeed but also contribute fi a stronger local
business community.

Engaging Wid Local Organizations an Community Initiatives

Supporting local organizations helps address di unique needs of
yuh community. From youth programs to health services,
community involvement mek a direct impact.

Ways Fi Engage Wid Local Initiatives

1. **Support Youth Programs**: Involvement in education an
   youth initiatives help empower di next generation.
2. **Join or Support Community Events**: Festivals,
   workshops, or clean-up events build community spirit an
   encourage collaboration.
3. **Partner Wid Local Businesses**: Collaborating wid other
   local businesses strengthen economic growth in yuh
   community.

Example: Supporting Local Schools

Carla, a pharmacist, sponsor a program at her community's high
school where students learn about health an career opportunities
in healthcare. Her involvement build awareness an inspire
students fi consider careers in health.

Di Ripple Effect of Giving Back: How Community Support Strengthen Personal Wealth

Giving back create a ripple effect—di support yuh give fi others
often come back as unexpected blessings or opportunities. A

strong community support system create an environment where everyone can thrive.

How Generosity Builds Wealth Indirectly

- **Strengthens Reputation an Trust**: Generosity build trust, an people are more likely fi support someone known fi contributing positively.
- **Fosters Networking Opportunities**: Giving back often lead fi meeting people who share similar goals, fostering valuable relationships.
- **Supports Long-Term Growth**: When communities are strong an healthy, businesses an individuals have a better environment fi grow.

Closing Summary an Key Takeaways

Generosity is an essential part of building a fulfilling, balanced life. By giving back wid purpose, yuh strengthen di community, foster meaningful connections, an create a legacy dat support growth an success fi everyone involved. Remember, true wealth is not only what yuh earn but also how yuh share an contribute fi di world around yuh.

Chapter 10: *Continuous Learning and Adapting - Staying Ahead in a Changing World*

Introduction: Why Continuous Learning Matters Fi Financial Success

In a world where everything is constantly changing, di most successful people are those who stay curious, open fi new information, an willing fi adapt. Financial success require ongoing learning because what works today might not be di best choice tomorrow. Di more knowledge yuh gain, di better prepared yuh are fi make informed decisions an adjust yuh strategies as needed. In dis chapter, we explore di importance of lifelong learning an how fi stay ahead in di ever-changing world of finance.

Staying Informed About Di Economy an Financial Markets

Keeping up wid changes in di economy an financial markets is essential fi protecting an growing yuh wealth. From inflation rates to currency fluctuations, economic factors impact yuh purchasing power, investments, an savings. Staying informed helps yuh make timely decisions an recognize when adjustments might be needed fi protect yuh finances.

Key Economic Indicators Fi Track

1. **Inflation Rates**
   - Inflation affect di value of yuh money over time. By tracking inflation, yuh can make decisions 'bout savings an investments fi ensure yuh money retain its value.
2. **Interest Rates**
   - Interest rates influence di cost of borrowing an di returns on savings. Higher rates make loans more

expensive, while lower rates affect returns from savings accounts.

3. **Stock Market Movements**
    - Understanding basic stock market trends help yuh make better investment decisions. Even if yuh nuh directly invest in stocks, market trends often impact other areas of finance.

Example: Sharon's Strategy Fi Staying Informed

Sharon, a teacher, set aside one hour each week fi read financial news an track updates on interest an inflation rates. Dis routine helps her make decisions 'bout saving an investing wid confidence, knowing she's aware of economic changes dat might affect her financial plans.

Learning New Financial Skills: Budgeting, Investing, an Digital Banking

Learning core financial skills helps yuh make better decisions, protect yuh wealth, an adapt as new opportunities arise. Whether yuh exploring investments or managing a budget, improving yuh skills mek yuh feel more confident in handling finances.

Essential Financial Skills Fi Develop

1. **Budgeting**
    - Budgeting help yuh track expenses, set savings goals, an plan fi future purchases. Di discipline of budgeting is di foundation of financial stability.
2. **Investing Basics**
    - Understanding how investments work, from stocks to bonds, opens new avenues fi building wealth. Even small investments can grow over time wid di right knowledge.
3. **Using Digital Banking**

- Digital banking offers convenience an control over yuh finances. Learning how fi safely use mobile banking, track expenses, an automate savings mek money management easier.

Example: Jerome's Journey Fi Learning Investment Basics

Jerome start learning 'bout investments through online courses. He start small wid a mutual fund an gradually diversify his portfolio as he gain more knowledge. Jerome's learning journey gives him di confidence fi explore new investments safely an grow his wealth.

Embracing Technology in Finance: Tools Fi Managing Money Smarter

Financial technology, or "fintech," has transformed di way we manage money. From budgeting apps fi tracking expenses fi robo-advisors dat offer investment advice, technology can simplify an streamline yuh finances.

Popular Financial Tools

1. **Budgeting Apps**
   - Apps like Mint or You Need A Budget (YNAB) help yuh track spending, set financial goals, an monitor expenses in real-time.
2. **Automated Savings Tools**
   - Services dat round up yuh purchases an transfer di extra amount into savings mek it easy fi build savings automatically.
3. **Robo-Advisors**
   - Robo-advisors offer investment advice an automate di management of yuh portfolio based on yuh financial goals an risk tolerance.

Example: Ann's Use of Fintech Fi Better Money Management

Ann, a recent graduate, start using a budgeting app fi monitor her expenses an an automated savings tool fi build an emergency fund. Di convenience of these tools mek it easy fi Ann fi stay on track wid her goals an manage her finances independently.

Networking an Mentorship: Learning From Others in Di Financial Community

Building relationships wid financially-minded people offer valuable learning opportunities. Networking an mentorship expose yuh fi new ideas, strategies, an even potential partnerships.

Ways Fi Build Financial Connections

1. **Join Financial Workshops or Seminars**
   - Attend workshops an seminars focused on personal finance or investing. These events are great fi meeting others who share similar goals.
2. **Seek Out Mentorship**
   - A mentor wid experience in finances or business can provide guidance, share lessons, an help yuh avoid common mistakes.
3. **Participate in Online Financial Communities**
   - Online forums or social media groups focused on finance offer a wealth of knowledge from people wid diverse experiences.

Example: Chris's Mentorship Experience

Chris, an aspiring entrepreneur, found a mentor through a local business network. Di mentor's guidance on budgeting an managing cash flow helped Chris avoid costly mistakes an build a strong foundation fi his business.

Adjusting Fi Life Changes: Adapting Yuh Financial Plan Fi New Goals

Life changes—like marriage, starting a family, or changing careers—often require adjustments fi yuh financial plan. Staying flexible wid yuh goals an budget help yuh manage these transitions without losing progress.

How Fi Adapt Fi Life Changes

1. **Reevaluate Yuh Goals**
   - Major life events might require yuh fi shift yuh focus. Adjust yuh goals based on di new priorities or responsibilities.
2. **Update Yuh Budget**
   - Adjust yuh budget fi accommodate new expenses or income changes. For example, parenthood may require higher savings or insurance coverage.
3. **Build a Safety Net**
   - Having an emergency fund or insurance protect yuh from unexpected costs dat come wid life changes.

Example: Tasha's Financial Adjustments After Marriage

Tasha an her husband review dem finances after getting married, combining budgets an setting new joint goals. By adjusting fi each other's needs, dem create a financial plan dat support dem shared future.

Exploring New Investment Opportunities Wisely

New investment opportunities often arise, an while dey can be exciting, it's essential fi approach dem carefully. Doing thorough research help yuh understand di risks an decide if di opportunity align wid yuh goals.

Tips Fi Evaluating New Investments

1. **Do Thorough Research**
   - Investigate di company, project, or asset in depth. Look fi credibility, stability, an transparency.
2. **Assess Di Risk Level**
   - Determine if di risk level matches yuh financial situation an goals. High-risk investments are best if balanced wid safer options.
3. **Start Small**
   - Begin wid a small amount so dat any potential loss is manageable. As yuh confidence grows, gradually increase yuh investment.

Example: Paul's Cautious Investment in Cryptocurrency

Paul was curious about cryptocurrency but knew it was high-risk. He invest a small portion of his savings after doing research, an as he learn more, he continue fi build his knowledge an decide carefully if he should increase di investment.

Building Resilience in a Changing World: Preparing Fi Economic Shifts

Economic shifts—like recessions, inflation, or market downturns—are inevitable, but preparation help yuh weather dem widout panic. Staying prepared wid savings, diversified assets, an a flexible budget protect yuh finances.

Steps Fi Resilience

1. **Maintain an Emergency Fund**

- An emergency fund serve as a buffer during economic changes, giving yuh financial stability.

2. **Diversify Investments**
   - Spread out investments across different assets fi reduce risk. A diversified portfolio can help offset losses in a volatile market.

3. **Stay Informed an Calm**
   - Keep yuhself informed but avoid reacting too quickly fi news. Often, staying calm an focusing on di long term is di best approach.

Closing Summary an Key Takeaways

In a world dat never stop changing, di ability fi learn an adapt is essential fi financial security. By staying informed, building new skills, an remaining open fi opportunities, yuh ensure dat yuh finances remain strong even in uncertain times. Di journey fi wealth requires curiosity, resilience, an di willingness fi grow wid each new challenge.

Chapter 11: *Managing Risk - Safeguarding Yuh Finances Wid Smart Decisions*

Introduction: Why Managing Risk Is Key Fi Financial Stability

Financial success isn't just about earning an saving—it's also about protecting yuh money from unexpected events an bad decisions. Managing risk means understanding di potential challenges an making informed choices dat protect yuh wealth. Whether yuh investing, borrowing, or making major financial decisions, risk is always present. Dis chapter will help yuh identify di different types of risks, understand yuh own comfort level, an develop strategies fi safeguarding yuh finances.

Understanding Different Types of Financial Risks

Financial risks come in different forms, an each one requires a unique approach fi manage. Di first step in managing risk is fi understand di types yuh might encounter an di potential impact on yuh finances.

Types of Financial Risks

1. **Market Risk**
   - Di possibility dat investments, like stocks or mutual funds, will lose value due to market changes. Market risk is common in investments tied fi di economy, an understanding it help yuh make smarter investment choices.
2. **Credit Risk**
   - Di risk dat a borrower might not repay a loan, affecting di lender. For individuals, credit risk can impact yuh ability fi borrow in di future if yuh struggle wid debt payments.

3. **Liquidity Risk**
    - Di risk of not being able fi convert assets into cash quickly. Property or long-term investments are examples of assets wid liquidity risk, as dey might tek time fi sell.
4. **Inflation Risk**
    - Di risk dat inflation will reduce di purchasing power of yuh money over time. Inflation erode savings if di return on yuh investments doesn't keep up wid rising prices.

Example: Simon's Experience Wid Market Risk

Simon, a small investor, bought stocks widout fully understanding di risk. When di market dropped, he panicked an sold his investments at a loss. Simon learned dat di stock market has ups an downs, an understanding market risk would have helped him stay calm an avoid a premature sale.

Assessing Yuh Risk Tolerance: Finding di Balance Between Caution an Growth

Knowing yuh risk tolerance is essential fi managing finances, as it influence di types of investments or financial strategies dat are right fi yuh. Risk tolerance is yuh comfort level wid risk, an it varies based on factors like age, financial goals, an personal preferences.

How Fi Assess Yuh Risk Tolerance

1. **Evaluate Yuh Financial Goals**
    - If yuh have long-term goals, like retirement in 20 years, yuh might be able fi tek on more risk. Short-term goals require a cautious approach.
2. **Consider Yuh Current Financial Situation**

- If yuh in debt or widout an emergency fund, a low-risk approach is usually best until yuh finances are more stable.

3. **Understand Yuh Emotional Reaction to Losses**
   - If yuh tend fi worry or panic when money is lost, a conservative approach wid safer investments might be more suitable.

Example: Rachel's Balanced Risk Tolerance

Rachel, a young professional, want fi save for a home in five years an also build a retirement fund. She choose a balanced approach—investing some money in conservative bonds fi her home fund an riskier stocks fi her retirement, as she has more time fi let di stocks grow.

Strategies Fi Minimizing Investment Risk: Diversification an Dollar-Cost Averaging

Investment risk can be managed through techniques like diversification an dollar-cost averaging, which help reduce potential losses an make di investment process smoother.

Techniques Fi Reducing Investment Risk

1. **Diversification**
   - Diversifying means spreading yuh money across different investments, like stocks, bonds, an real estate. Dis strategy protect yuh from losing everything if one asset performs poorly.
2. **Dollar-Cost Averaging**
   - Dollar-cost averaging involves investing a fixed amount at regular intervals, regardless of market conditions. Dis approach reduce di impact of market fluctuations, as yuh buying at different price points over time.

Example: Leo's Diversified Portfolio

Leo, a retiree, split his investments between stocks, bonds, an a rental property. By diversifying, he protect himself from losing too much if one investment declines, ensuring more stability in his overall portfolio.

Reducing Debt-Related Risks: How Fi Manage Borrowing Responsibly

Debt can be a useful tool, but it also carry risks if not managed properly. Reducing debt-related risks help yuh maintain financial stability an avoid stress.

Steps Fi Managing Debt Risks

1. **Pay Off High-Interest Debt First**
   - High-interest debts, like credit cards, should be cleared first fi reduce di total cost of borrowing.
2. **Avoid Borrowing More Than Yuh Can Repay**
   - Only borrow amounts dat fit comfortably into yuh budget, ensuring yuh can meet payments on time.
3. **Avoid High-Risk Loans**
   - Payday loans or loans wid extremely high interest should be avoided if possible, as dey often lead fi deeper debt.

Example: Jason's Debt Management

Jason had multiple debts, including a credit card an a car loan. He focused pon paying off di credit card first because of di high interest. By tackling di most costly debt first, Jason reduce his overall debt load an feel more in control of his finances.

Using Insurance Fi Protect Against Unexpected Losses

Insurance is a key tool in risk management, providing a financial safety net against life's unexpected events. Di right insurance coverage protect yuh assets, health, an income, helping yuh handle unforeseen costs.

Types of Essential Insurance

1. **Health Insurance**
   - Covers medical expenses, reducing di financial burden of illness or injury.
2. **Property Insurance**
   - Protects yuh home an belongings from damage due to events like fire or natural disasters.
3. **Life Insurance**
   - Provides financial support for loved ones if yuh pass away, helping dem manage expenses an maintain stability.

Example: Elaine's Use of Insurance

Elaine, a homeowner, purchased health an property insurance fi protect her health an assets. When she had an unexpected medical issue, di health insurance covered most of di expenses, allowing her fi recover widout draining her savings.

Building An Emergency Fund: Yuh First Defense Against Financial Shocks

An emergency fund act as a buffer, giving yuh di peace of mind dat unexpected expenses won't disrupt yuh finances. Having three to six months' worth of expenses set aside is ideal.

Tips Fi Building an Emergency Fund

1. **Set Small, Achievable Goals**

  ○ Start wid a target, like $500 or $1,000, an gradually increase until yuh reach yuh ideal amount.
2. **Automate Savings**
  ○ Automatic transfers fi a separate account help yuh build di fund widout forgetting or missing a deposit.
3. **Use Only for Genuine Emergencies**
  ○ Reserve di fund for urgent, unexpected costs like medical expenses, car repairs, or temporary loss of income.

Example: Kim's Emergency Fund Success

Kim, a freelance writer, set up an emergency fund wid automatic monthly transfers. When her laptop broke unexpectedly, she used di emergency fund fi cover di repair costs widout affecting her regular budget.

Recognizing Red Flags in High-Risk Investments an Avoiding Scams

Not all investments are created equal, an some can be extremely high-risk or even fraudulent. Recognizing red flags help yuh protect yuh finances from scams an risky ventures.

Warning Signs of High-Risk Investments

1. **Promises of Quick, Guaranteed Returns**
  ○ Genuine investments don't guarantee returns. If an opportunity seems too good fi be true, proceed wid caution.
2. **Pressure Tactics**
  ○ Scammers often push people fi invest quickly, saying yuh might miss out if yuh wait.
3. **Lack of Transparency**
  ○ If an investment lacks clear information or yuh can't find reliable sources about it, dat's a warning sign.

Example: Andre's Caution Against a High-Risk Scheme

Andre was approached by a friend wid an investment dat promised a high return in a short time. He did some research an realize it was a Ponzi scheme. By recognizing di red flags, he avoided losing his hard-earned money.

Closing Summary an Key Takeaways

Managing risk is a fundamental part of building an protecting wealth. By understanding different types of risks, assessing yuh risk tolerance, an implementing smart strategies like diversification an insurance, yuh safeguard yuh finances against unforeseen challenges. Remember, true financial success is about finding a balance between growth an caution, protecting yuh wealth as it grows.

Chapter 12: *Creating a Financial Legacy - Building Wealth Fi Future Generations*

Introduction: Why Creating a Financial Legacy Matters

Creating a financial legacy is about more than just leaving money behind—it's about providing security, opportunities, an a foundation fi future generations. Wealth dat is built thoughtfully an managed responsibly can empower yuh family, support dreams, an provide stability fi years fi come. Dis chapter covers di steps fi building an protecting a legacy, from investments an estate planning fi educating di next generation on financial responsibility.

Building Generational Wealth: Investments Dat Last Beyond Yuh Lifetime

Generational wealth is wealth dat can be passed on fi benefit future generations. Investments like real estate, stocks, an business ownership have di potential fi grow over time, creating a solid foundation dat family members can rely on.

Types of Long-Term Investments

1. **Real Estate**
   - Properties often appreciate in value over time an can provide rental income fi family members. Real estate is a tangible asset dat can support multiple generations if maintained properly.
2. **Stocks an Mutual Funds**
   - Stock market investments offer growth potential through capital gains an dividends. Mutual funds offer diversification, helping protect wealth from market fluctuations.
3. **Business Ownership**

- Building an successful business dat can be passed on to family members create long-term financial stability. Di business can continue providing income fi generations wid di right management.

Example: Patrick's Real Estate Legacy

Patrick invested in property during his working years, buying a few rental homes. As di properties appreciated an rental income grew, he planned fi leave dem fi his children. Now, his family benefits from di income an value of di properties, providing financial security long after Patrick's passing.

Estate Planning Basics: Preparing Fi a Smooth Transfer of Assets

Estate planning is di process of organizing yuh assets so dem are distributed according fi yuh wishes after yuh pass. Having a clear plan in place prevent legal complications an ensures dat yuh family benefits from yuh hard work.

Essential Estate Planning Documents

1. **Will**
   - A will is a legal document dat outlines how yuh assets should be distributed. It's di most basic an essential estate planning document.
2. **Trusts**
   - Trusts provide more control over how assets are managed an distributed. Dem can be particularly useful fi minimizing taxes or protecting assets fi young family members.
3. **Power of Attorney**
   - A power of attorney allows someone yuh trust fi make decisions pon yuh behalf if yuh unable to. It's important fi choose a reliable person fi dis role.

Example: Sandra's Estate Planning

Sandra, a retired teacher, create a will an set up a trust fi her grandchildren's education. Her plan ensure dat her assets are managed wisely an prevent disputes among her children, giving her peace of mind knowing her family's future is secure.

Creating a Will: Ensuring Yuh Wishes Are Honored

Writing a will is one of di most important steps in estate planning. A will specify who inherit yuh assets an can prevent family disputes by clarifying yuh wishes.

Steps Fi Writing a Will

1. **List Yuh Assets**
   - Make a comprehensive list of assets yuh own, including property, savings, an personal belongings.
2. **Choose Beneficiaries**
   - Decide who will inherit each asset, whether it's family, friends, or charities.
3. **Select an Executor**
   - Di executor is responsible fi carrying out yuh wishes. Choose someone trustworthy who can handle di responsibilities.
4. **Update Regularly**
   - Review an update di will periodically, especially after major life events, fi ensure it stays relevant.

Setting Up Trusts: A Tool Fi Protecting an Managing Wealth

Trusts are legal arrangements where one person (di trustee) holds an manages assets fi another person (di beneficiary). Trusts can be customized fi control how assets are distributed an often provide more protection than a will alone.

Types of Trusts

1. **Revocable Trust**
   - Can be changed or canceled by di person who create it. Dis type of trust provide flexibility but might not offer full protection from taxes.
2. **Irrevocable Trust**
   - Cannot be changed after it's established. It's often used fi minimize taxes an protect assets.
3. **Educational Trust**
   - Specifically designed fi fund education expenses fi beneficiaries. Useful fi setting aside funds fi children or grandchildren's schooling.

Example: Marcus's Educational Trust

Marcus set up an educational trust fi his grandchildren, ensuring dem can attend college widout financial worries. Di trust provides funds specifically fi tuition, an it's managed by a trusted family member fi ensure it's used responsibly.

Teaching Financial Literacy Fi di Next Generation

Passing on wealth also means passing on di knowledge fi manage it. Teaching financial literacy help di next generation understand how fi budget, save, an invest responsibly.

Lessons Fi Financial Literacy

1. **Budgeting Basics**
   - Teach children di importance of setting aside money fi essentials, savings, an fun. Basic budgeting skills set a strong financial foundation.

2. **Saving an Investing**
    - Explain di value of saving an how investing grow wealth over time. Encourage children fi start small wid allowances or part-time job income.
3. **Understanding Credit an Debt**
    - Educate on how credit works an di importance of managing debt wisely fi avoid financial pitfalls.

Example: Joanna's Family Financial Lessons

Joanna include her children in budgeting activities at home, showing dem how to plan fi monthly expenses an save fi family vacations. Dis hands-on approach teach di children how fi handle money responsibly from a young age.

Passing on Family Values an Traditions Alongside Wealth

A financial legacy isn't just 'bout money—it's also about values. Passing on values like hard work, generosity, an responsible spending help yuh family maintain di legacy an live in a way dat reflects yuh beliefs.

Family Traditions Fi Reinforce Values

- **Regular Family Financial Discussions**: Create a space fi open discussions about finances, encouraging honesty an responsibility.
- **Annual Charitable Giving Together**: Participate in charitable activities together as a family, teaching di importance of giving back.
- **Celebrating Financial Milestones**: Recognize family achievements, like paying off debt or saving for a goal, an celebrate together fi motivate everyone fi stay financially disciplined.

Involving Loved Ones in Di Legacy Planning Process

Planning a legacy is a shared responsibility. By involving family members in di process, yuh create a stronger sense of unity an shared vision fi managing di family's wealth.

How Fi Involve Loved Ones

1. **Open Communication**
   - Discuss yuh plans openly, addressing any questions or concerns family members might have.
2. **Assign Roles an Responsibilities**
   - Clearly assign roles, like who will be di executor or who will manage certain assets. Dis help everyone understand their part in maintaining di legacy.
3. **Encourage Input an Feedback**
   - Invite family members fi share their ideas or opinions. Dis fosters a sense of ownership an commitment fi di family's financial future.

Example: Edward's Legacy Meetings

Edward host an annual family meeting where he updates his children on di family's finances, including investments an plans for di future. Dis open communication strengthen di family's bond an ensures everyone understands di values an goals behind di legacy.

Closing Summary an Key Takeaways

Creating a financial legacy dat lasts is about more dan accumulating wealth—it's about thoughtful planning, educating yuh loved ones, an instilling values dat preserve di family's future. By taking steps like estate planning, teaching financial literacy, an building traditions, yuh can ensure dat yuh legacy supports di next generation wid security, opportunity, an wisdom fi manage wealth responsibly.

Chapter 13: *Continuous Wealth Growth and Preservation - How Fi Keep Di Money Flowing and Strong*

Introduction: Why Wealth Preservation and Growth Go Hand-in-Hand

When yuh start mek some real money, di goal nuh fi just sit back an spend it all—di aim a fi mek sure yuh money keep growing while yuh tek care of it. Just like a tree, wealth need waterin' an nurturing fi grow strong, but it also need protection from storm an bad weather. If yuh grow yuh wealth steady an careful, it can provide fi yuh an yuh family fi years fi come. Dis chapter goin' show yuh how fi balance growth wid preservation, so yuh money stay flowing an strong.

Di Art of Setting Growth Goals Dat Last

Fi mek yuh wealth grow, yuh need clear goals. Goals a like di map dat show yuh di way fi financial success. Without goals, yuh might find yuhself strayin' or tekkin risk dat nuh align wid yuh future. Set yuhself some realistic, reachable goals fi growth, an check pon dem regular fi see if yuh pon track.

How Fi Set Good Growth Goals

1. **Break It Down Small-Small**
   - Tek di big picture an break it down. If yuh waan save up $1 million in five years, split dat into likkle monthly targets. Step by step, yuh goin' reach where yuh waan go.
2. **Check Yuh Progress Regularly**
   - Goals cya stay di same forever. Di economy change, an so do yuh life. Every few months, check

pon yuh goals an adjust dem if needed fi match yuh current situation.

3. **Keep It Realistic**
   - Set goals dat yuh can achieve wid yuh current income an lifestyle. A big dream nice, but if it cya realistic, it goin' only bring stress. Tek it likkle-likkle an build from there.

Example: Kim's Steady Growth Goals

Kim start wid a small target—fi save $10,000 in one year. She break it down fi monthly savings, an each month she track her progress. When she reach di goal, she set di next one higher. By tekkin small steps, Kim build up a strong savings habit dat mek her confident an financially secure.

Investing Wisely Fi Continuous Growth

Investment a di tool weh mek yuh money work fi yuh even when yuh sleepin'. Di key fi continuous growth is fi invest wisely—put yuh money in things dat grow over time an keep yuh risk spread out. Fi a true financial legacy, wise investment is a must.

Power of Compound Interest

- **Compound Interest Basics**: When yuh invest an earn interest pon di interest, dat compound interest. It mek yuh money grow faster, especially if yuh reinvest di earnings.
- **Starting Early Matters**: Di earlier yuh start wid compound interest, di more yuh can build. Even if yuh start small, yuh goin' see big growth wid time.

Diversification - Keep Yuh Portfolio Balanced

- Don't put all yuh eggs in one basket. Mix it up—invest in stocks, bonds, an real estate if possible. When one investment drop, di others can help balance di loss.

Example: Andre's Compound Interest Strategy

Andre put $50,000 in a mutual fund wid compound interest. Every year, he reinvest di interest instead of tekkin it out. After five years, di amount grow significantly, an Andre learn fi appreciate di power of compound interest fi long-term growth.

Protecting Yuh Wealth Wid Cautionary Tactics

While yuh building, don't forget fi protect what yuh already have. Wealth preservation is just as important as growth, because one wrong move or unexpected event can tek yuh back to square one. Insurance, savings, an having a backup plan are di basics fi protecting wealth.

Insurance - Yuh Financial Safety Net

- **Health Insurance**: Medical expenses can drain wealth quick. Health insurance help cover di big costs an mek sure yuh wealth stay protected.
- **Property Insurance**: Protect yuh home an any property from natural disaster or theft. Dis mek sure yuh nuh lose what yuh work hard fi build.

Example: Shelly-Ann's Backup Plan

Shelly-Ann invested in a small business, but she also get insurance fi di building an products. When a hurricane damage di place, di insurance cover di repairs, so her business bounce back quickly widout big loss.

Di Role of Patience in Wealth Growth - Tek Yuh Time an Grow Steady

One thing fi remember—wealth buildin' nuh happen overnight. It a process dat need patience an focus. A likkle here, a likkle there, an over time yuh see big results. Many people rush fi wealth an lose it just as quick. Patience keep yuh focused on di long term.

Why Patience Pay Off

- **Avoid Quick Schemes**: Nuff people jump fi get-rich-quick schemes an end up losin' everything. True wealth tek time fi grow, an patience protect yuh from risky decisions.
- **Steady Wins di Race**: Small, consistent growth last longer than fast, risky gains. Di tortoise beat di hare because it tek its time.

Example: Carlton's Slow and Steady Approach

Carlton invested in a few safe stocks an left dem fi grow over years. He nuh rush fi check di market every day. Five years later, di value double, an he realize di power of patience.

Using Financial Advisors and Trusted Partners Fi Stronger Guidance

Sometimes yuh need a likkle extra guidance fi mek di right moves. Financial advisors can help yuh see opportunities an avoid common pitfalls. But remember, choose someone yuh trust an who have di knowledge fi guide yuh right.

Finding di Right Advisor

1. **Look Fi Experience an Reputation**
   - Check di advisor's track record an see if dem have positive feedback from other clients.
2. **Understand Di Fees**

- Know how di advisor charges—whether it's a flat fee, commission, or percentage of di assets. Dis help yuh avoid hidden costs.
3. **Stay Involved**
   - Even wid an advisor, tek time fi understand yuh finances. Don't leave everything up to dem—stay involved an ask questions.

Example: Denise's Financial Advisor Partnership

Denise want fi grow her investment portfolio but nuh sure where fi start. She hire an experienced advisor, an together dem build a diversified portfolio. She check in wid her advisor regularly, an over time she learn more about managing her money.

Preparing Fi Di Unexpected - Keeping Yuh Wealth Resilient

Life have a way of throwing curveballs, so yuh need fi prepare fi di unexpected. Keeping a financial cushion, like an emergency fund, protect yuh from big losses an give yuh peace of mind.

Setting Up An Emergency Fund

- Aim fi save at least three to six months' worth of expenses. Dis cushion help yuh handle sudden expenses, like medical bills or car repairs, widout disruptin' yuh main savings.

Reviewing Yuh Financial Plan Regularly

- As life change, yuh financial plan might need adjustments. Di unexpected might affect yuh goals, so check di plan every few months an mek updates as needed fi stay resilient.

Example: Ray's Resilience

Ray lose his job unexpectedly, but because he have a solid emergency fund, he manage fi cover his bills while he look fi new work. His savings mek sure he nuh fall into debt during di tough time.

Celebrating Small Wins While Staying Focused on Di Bigger Picture

It's important fi celebrate di small victories along di way. Each milestone, no matter how small, bring yuh closer fi yuh financial goals. But remember, celebrate responsibly an keep di big picture in sight.

Balance Enjoyment Wid Responsibility

- Reward yuhself for reaching milestones, but stay within budget. Enjoy di journey without jeopardizing di destination.

Example: Leah's Reward System

Leah set a target fi save $500,000. When she reach $100,000, she treat herself wid a small vacation but stay disciplined wid di rest of her savings. By celebrating in moderation, she stay motivated widout losing sight of di main goal.

Passing on Wealth Knowledge - Helping Yuh Family Preserve an Grow Wealth

A true financial legacy include passing on knowledge fi family. Teach yuh loved ones how fi manage, grow, an preserve di wealth so dat di legacy can continue fi generations.

Making Wealth a Family Tradition

- **Family Meetings**: Have regular discussions about financial goals, investments, an responsibilities wid family members.
- **Teach Di Basics**: Show yuh children an younger family members how fi budget, save, an invest, so dem are prepared fi di future.

Example: Mr. Brown's Family Wealth Meetings

Mr. Brown, a businessman, start having monthly family meetings where he discuss finances, investments, an goals wid his children. By sharing his knowledge, he ensure di younger generation can manage di family wealth responsibly.

Closing Summary an Key Takeaways

Continuous wealth growth an preservation are di cornerstones of financial stability. By setting clear goals, investing wisely, an protecting what yuh build, yuh keep di money flowing an strong fi di long term. Remember, balance enjoyment now wid careful planning fi tomorrow, an pass on both wealth an knowledge fi create a lasting legacy fi di family.

Chapter 14: *Wealth Building through Entrepreneurship - Creating Opportunities Fi Prosperity*

Introduction: Why Entrepreneurship is a Path to Wealth Building

Starting a business give yuh control over yuh financial future. Instead of depending pon a job or paycheck, entrepreneurship allow yuh fi create income, employ people, an mek an impact pon yuh community. Many Jamaicans have turned small businesses into financial empires, proving dat wid di right approach, entrepreneurship can be a powerful tool fi building wealth. Dis chapter goin' guide yuh through di basics of starting an growing a business, wid tips fi creating a successful path fi yuhself an generations fi come.

Finding Di Right Business Idea: Turning Yuh Passion into Profit

Every successful business start wid a great idea. Sometimes, dat idea come from a passion or skill yuh have; other times, it come from noticing a gap inna di market. Di key is fi find an idea dat can mek money while fulfilling a need or solving a problem.

How Fi Identify Di Best Business Idea

1. **Look at Yuh Skills an Interests**
   - Think about what yuh good at an enjoy doing. If yuh love cooking, maybe catering or baking is a good option. Skills or hobbies dat bring joy can often turn into profitable businesses.
2. **Identify Market Demand**

- o Ask yuhself if people need or want what yuh offering. Di best ideas solve a problem or mek life easier fi others. Tek time fi research an understand what people in yuh area need.
3. **Evaluate Feasibility**
   - o Start small an check if di idea realistic based on yuh resources. Some businesses require a big upfront investment, while others need likkle money fi start. Choose something dat match yuh current situation.

Example: Sandra's Natural Skincare Line

Sandra always have a love fi natural beauty products, an she start making her own skincare items wid ingredients like coconut oil an aloe vera. After giving samples to friends an getting good feedback, she decide fi turn it into a business. Now, she have a loyal customer base an even sell online, showing how turning a passion into profit can lead to success.

Starting Small an Growing Wisely: Di Power of Side Hustles

Fi many Jamaicans, di journey fi wealth start wid a side hustle—something yuh do part-time while working another job. Side hustles allow yuh fi test di business idea, mek money, an learn valuable skills before going full-time.

Benefits of Side Hustles

- **Less Financial Risk**: Since yuh still have a main income, yuh can take di time fi grow di side hustle without pressure.
- **Flexible Growth**: Yuh can build at yuh own pace, learning as yuh go an adjusting based on customer feedback.
- **Extra Income Stream**: A side hustle can provide a steady income dat boost yuh savings or help pay down debt.

Example: Jerome's Jerk Chicken Stand

Jerome love cooking an start selling jerk chicken on weekends from a small stall. Over time, word spread about di taste, an he gain regular customers. Now, he expanding wid a full-time food truck wid plans fi open a small restaurant. By starting small, Jerome grow his business wisely an now build a strong foundation.

Creating a Solid Business Plan: Yuh Roadmap Fi Success

A business plan is like a map fi yuh business—it help yuh stay on course an plan di way forward. It outline yuh vision, goals, an di steps fi reach dem. A good business plan also help yuh attract investors or secure loans from di bank.

Key Parts of a Business Plan

1. **Vision an Mission**
   - Describe what yuh business stand for an di problem it solve. Di vision is di "big picture" an di mission is how yuh plan fi achieve it.
2. **Market Analysis**
   - Explain who yuh customers are an how yuh business stand out from di competition. Understanding di market help yuh position yuh business fi success.
3. **Financial Projections**
   - Show di estimated costs, revenue, an profit fi di first few years. Investors an banks like fi see projections because it show yuh serious about success.

Example: Tanya's Boutique Business Plan

Tanya have a vision fi open a clothing boutique dat focus pon affordable, stylish outfits fi young Jamaicans. Her business plan outline her vision, target audience, an expected income. When she present it to di bank, she receive a small business loan fi get started, thanks fi di detailed plan.

Financing Yuh Business: Options an Strategies Fi Raising Capital

Starting a business require funds, an there are different ways fi finance yuh dream. Whether yuh using personal savings or seeking loans, having a clear plan fi di money is essential.

Common Financing Options

1. **Personal Savings**
   - Many businesses start wid personal savings. While it require discipline, it give yuh full control over di business widout debt.
2. **Bank Loans an Microfinancing**
   - Banks an microfinance institutions offer loans specifically fi small businesses. Yuh goin' need a good credit score an a solid business plan fi qualify.
3. **Investors**
   - Some people look fi family, friends, or investors fi raise capital. Investors usually expect a share in di profits, so choose wisely.

Example: Dave's Microloan Success

Dave want fi start a small graphic design business but lack di funds fi buy equipment. He approach a microfinance institution an present his business plan. Wid di microloan, he buy di tools he need an grow his client base steadily, showing how small loans can mek big dreams possible.

Branding an Marketing: Standing Out in Di Jamaican Market

In a competitive market, branding an marketing mek di difference. Branding is how yuh business look an feel, while marketing is how yuh reach yuh customers. Di right approach help yuh stand out an attract loyal customers.

Basics of Branding an Marketing

1. **Develop a Unique Brand Identity**
   - Yuh brand should reflect di personality of yuh business. Choose colors, logos, an a voice dat resonate wid yuh target audience.
2. **Use Social Media**
   - Platforms like Instagram an Facebook allow yuh fi reach a large audience widout big spending. Post regular updates, show yuh products, an engage wid customers.
3. **Build a Network**
   - Word of mouth an networking play a big role in di Jamaican market. Attend events, join groups, an connect wid others fi build di visibility of yuh business.

Example: Lisa's Fashion Brand on Social Media

Lisa start a fashion line an use Instagram fi share photos of her designs. She connect wid local influencers an get her clothes featured, quickly growing her following an attracting new customers. Di strong branding help her business thrive an reach a bigger audience.

Managing Finances Fi Business Success: Budgeting an Cash Flow

Financial management is key fi any business. Budgeting an tracking cash flow help yuh understand di health of yuh business, ensuring yuh make more than yuh spend an plan fi future growth.

Financial Management Tips

1. **Separate Business an Personal Finances**
   - Keep a separate account fi di business. Dis mek tracking income an expenses easier an more organized.
2. **Monitor Cash Flow Regularly**
   - Track di money coming in an going out. If expenses higher than revenue, adjust di budget fi avoid cash flow problems.
3. **Reinvest in Di Business**
   - As yuh start mek profit, reinvest some of it back into di business fi help it grow.

Example: Peter's Financial Discipline

Peter run a small barber shop an keep all his finances in check wid a strict budget. He reinvest in better equipment wid di profits, attracting more clients an helping di business grow.

Overcoming Challenges Wid Resilience an Adaptability

Every entrepreneur face challenges, from competition fi cash flow issues. Staying resilient an adaptable mek sure yuh bounce back an learn from setbacks.

Common Challenges an How Fi Handle Dem

1. **Competition**
   - Study competitors an find ways fi mek yuh business unique. Quality, pricing, or customer service mek yuh stand out.

2. **Financial Pressure**
   - Financial stress common, especially in di early stages. Build an emergency fund an keep expenses low fi manage di pressure.
3. **Unexpected Problems**
   - Things like equipment failure or supply issues can disrupt business. Always have backup plans fi handle di unexpected.

Growing Yuh Business Wid Innovation an Expansion

Once yuh business steady, expansion or innovation can tek it to di next level. Adding new products, services, or locations build yuh brand an increase revenue.

Closing Summary an Key Takeaways

Entrepreneurship is a powerful path fi financial independence an creating a legacy. Wid di right mindset, planning, an resilience, yuh can turn ideas into prosperity. Mek di first step, embrace di journey, an use yuh business fi bring wealth fi yuh family an community.

Chapter 15: *The Power of Giving Back - Building Wealth Wid Purpose an Community*

Introduction: Why Giving Back Is a Key Part of Wealth-Building

When yuh mek money, yuh feel good. But when yuh use dat money fi help others, yuh feel fulfilled. True wealth nuh come only from di dollars inna yuh bank account—it come from di difference yuh mek inna people life an di positive impact yuh leave pon di world. Giving back add depth an meaning to di wealth yuh build, mekking yuh financial journey about more than just personal gain. In dis chapter, we'll explore how generosity mek yuh life richer an create stronger communities.

Di Ripple Effect of Generosity: How Helping Others Brings Blessings

When yuh give back, yuh start a ripple effect. Di kindness an support yuh offer often come back fi yuh in unexpected ways. Helping others open doors, build connections, an foster trust—an in di long run, dis can bring blessings yuh never expect.

Benefits of Di Ripple Effect

1. **Strengthens Relationships**
   - Generosity build bonds, whether wid family, friends, or business connections. People remember kindness an often return it wid support or opportunities.
2. **Enhances Reputation**
   - Being known fi generosity an community support enhance yuh reputation, bringing goodwill from others. People prefer fi do business wid, an

support, those who mek positive contributions fi di community.

3. **Creates New Opportunities**
   - By helping others, yuh often come across opportunities fi grow. Networking, partnerships, an unexpected connections often come from a heart willing fi give.

Example: Richie's Blessings Through Giving Back

Richie, a shop owner, always set aside a likkle money fi support di youth football team in his community. Over time, parents an supporters of di team start shopping wid him more often, an his business grow. Richie see dat di kindness he show come back fi him in di form of loyal customers an community respect.

Finding Purpose in Giving: Aligning Generosity Wid Personal Values

Not every cause goin' resonate wid everyone. Fi mek di most impact, choose causes or projects dat align wid yuh values or interests. When yuh give fi something close fi yuh heart, it mek di act more fulfilling an sustainable.

Steps Fi Align Generosity Wid Values

1. **Identify What Matter Fi Yuh**
   - Think 'bout di issues or causes yuh passionate 'bout—whether it's education, health, environment, or youth empowerment.
2. **Research an Connect**
   - Look fi reputable organizations or local initiatives dat focus pon di causes yuh interested in. Dis way, yuh know yuh contribution goin' directly fi di things dat matter fi yuh.
3. **Set Long-Term Giving Goals**

  - Instead of one-time donations, commit fi long-term support or regular contributions. Building a relationship wid a cause mek yuh feel part of something bigger.

Example: Shelly's Mission Fi Support Education

Shelly, a teacher, passionate 'bout education. She find a small charity dat provide school supplies fi children in underserved areas. By supporting dem each year, she mek sure more children have di tools fi succeed, an dis give her a deep sense of purpose.

Different Ways Fi Give Back: Time, Resources, an Knowledge

Giving back nuh just mean donating money. Time, resources, an knowledge are powerful tools dat can create real change. Everyone have something fi offer, an finding di right way fi contribute mek di experience even more meaningful.

Forms of Giving Back

1. **Volunteering Yuh Time**
   - Time is valuable, an giving time fi help wid community programs or charities can mek a big difference. Even a few hours each month help support causes yuh believe in.
2. **Mentorship an Knowledge Sharing**
   - If yuh have skills or experience, share dem wid others who can benefit. Teaching, guiding, or advising young people or new entrepreneurs inspire an empower dem fi succeed.
3. **Donating Resources**
   - Sometimes, donating goods like food, clothes, or equipment is more practical dan money. Many organizations appreciate resources dat help dem operate effectively.

Example: Andre's Mentorship Journey

Andre, a retired accountant, start mentoring young business owners in his community. By sharing his experience, he help dem avoid common mistakes an grow dem businesses. Dis mek Andre feel fulfilled, an he see di positive impact his knowledge have pon others.

Creating a Giving Budget: Making Room Fi Generosity Widout Strain

Generosity need planning, just like savings or investments. Setting aside a part of yuh budget specifically fi giving mek sure yuh can support causes yuh believe in widout affecting yuh own financial health.

Steps Fi Creating a Giving Budget

1. **Decide on a Percentage**
   - Start wid a small percentage of yuh income, like 1-5%, specifically fi giving. Dis mek it manageable an sustainable over time.
2. **Track Yuh Contributions**
   - Just like tracking expenses, keep record of yuh donations. Dis help yuh stay organized an also reflect pon how yuh contributions grow over time.
3. **Review an Adjust Regularly**
   - As yuh income change, adjust yuh giving budget. If yuh have a good year, increase di amount. If yuh need fi cut back, find other ways fi support di community.

Example: Sonia's Giving Plan

Sonia, a small business owner, set aside 3% of her monthly income fi community support. Whether it's helping wid school fees, donating supplies, or supporting events, her budget mek sure she can give back widout strain pon her own finances.

Supporting Local Businesses an Initiatives Fi a Stronger Economy

One way fi give back is fi support local businesses. When yuh buy local, yuh contribute fi di growth of di community's economy. Local businesses employ locals, reinvest inna di community, an mek sure di money circulate right here in Jamaica.

Benefits of Supporting Local

1. **Strengthens Di Local Economy**
   - Money spent wid local businesses stay inna di community, supporting jobs an growth.
2. **Supports Unique Jamaican Brands**
   - Local businesses often offer products dat reflect our culture an heritage. Supporting dem mek sure dat authentic Jamaican goods continue fi thrive.
3. **Builds Community Pride**
   - A strong community wid successful businesses mek everyone feel proud. It show dat Jamaicans can create an sell high-quality products.

Example: Kirk's Local Shopping Habit

Kirk start buying from local vendors instead of large chains, an he see di impact. Not only does he get fresh, unique products, but he know di money he spend support families in di area, building a stronger community fi all.

Mentorship an Guiding Di Next Generation Fi Financial Success

Empowering di youth wid financial knowledge an guidance create a lasting legacy. Mentorship mek a huge impact, showing young people dat success is within reach an providing dem wid di tools fi achieve it.

Benefits of Mentorship

- **Inspires Confidence**: When young people see successful role models, it mek dem believe in dem own potential.
- **Builds Future Leaders**: By guiding an teaching, yuh help di next generation grow into leaders who can create change.
- **Preserves Di Legacy**: Mentorship mek sure dat knowledge an experience nuh get lost; it get passed on fi di benefit of future generations.

Example: Carla's Mentorship in Small Business

Carla, a successful baker, mentor young women who interested in starting food businesses. She teach dem about quality, pricing, an customer service, passing down skills an confidence fi dem own ventures.

Creating a Culture of Giving in Yuh Family or Business

A legacy of generosity can be one of di most impactful things yuh pass on. Creating a family or business culture dat value giving an community support mek sure di tradition continue long after yuh gone.

Steps Fi Building a Giving Culture

1. **Involve Family Members or Staff in Giving Initiatives**
   - Let family or employees help choose charities or causes fi support. Dis foster ownership an pride in di impact.

2. **Celebrate Acts of Generosity**
    - Recognize an celebrate when someone go outta di way fi help others. Acknowledging kindness mek it feel valued an encourage more giving.
3. **Create Annual Traditions**
    - Set aside a day or event each year fi give back, whether through donations, volunteering, or supporting a cause together.

Example: Mr. Grant's Family Giving Tradition

Mr. Grant, a businessman, start a family tradition of donating to a charity every Christmas. Each family member contribute an choose one cause fi support. Dis tradition bond di family an mek everyone feel di joy of giving back.

Closing Summary an Key Takeaways

Giving back is a central part of building true wealth. By supporting di community, sharing knowledge, an creating a culture of generosity, yuh add meaning an purpose fi yuh financial journey. Di rewards of generosity go beyond money—dem enrich yuh life wid joy, fulfillment, an a lasting legacy dat bless others long after yuh gone. Mek giving a part of yuh journey fi create a legacy of love an support.

Chapter 16: *Financial Independence - Building a Life of Freedom an Flexibility*

Introduction: What Financial Independence Truly Mean

Imagine waking up each day wid di freedom fi decide how yuh goin' spend yuh time, widout worrying 'bout a paycheck or di next bill. Financial independence nuh just 'bout being "rich"—it's 'bout being free. Free fi choose, free fi live, an free fi focus pon what matter di most fi yuh. Di journey might tek time, but di rewards mek di effort worth it. Dis chapter goin' guide yuh through di mindset, steps, an sacrifices needed fi achieve true financial independence, helping yuh build di life yuh envision.

Setting Clear Financial Goals Fi Guide Yuh Path to Freedom

Di first step pon di road to independence is knowing exactly what yuh aiming fi. Financial independence mean different things fi different people, so tek time fi define it fi yuhself. Maybe it's retiring early, or maybe it's having enough saved fi start yuh own business widout worry. Whatever di goal, having a clear vision help yuh stay focused an motivated.

How Fi Set Financial Independence Goals

1. **Define Yuh Number**
   - Calculate di amount yuh need fi live comfortably widout working. Dis is yuh "financial independence number." Tek into account monthly expenses, lifestyle choices, an any big goals like travel or home ownership.
2. **Set Milestones Along Di Way**
   - Break down di journey into small steps. Set targets fi each year or every few years, like saving a

certain amount or reaching a specific net worth. Milestones mek di journey feel manageable an keep yuh encouraged.

3. **Find Yuh Why**
   - Having a strong "why" goin' drive yuh even when it get tough. Whether it's spending more time wid family, following a passion, or giving back, know why financial independence matter fi yuh.

Example: Michelle's Financial Independence Goals

Michelle want fi retire early an live a simple, peaceful life near di beach. She calculate dat she need $10 million fi achieve her dream lifestyle. She break down her goal into yearly savings targets, celebrating each milestone along di way. Having a clear plan an strong "why" mek di journey easier fi Michelle.

Living Below Yuh Means: Di Foundation of Financial Independence

One of di fastest ways fi reach financial independence is fi live below yuh means. Dis mean cutting back pon unnecessary expenses so dat yuh can save an invest more. Living simply nuh mean yuh cya enjoy life; it mean yuh choosing fi spend pon what truly matter an sacrificing what nuh add real value fi yuh journey.

Tips Fi Living Below Yuh Means

1. **Identify Di Essentials**
   - Focus pon di basics—housing, food, transportation—an cut back pon luxuries dat don't bring lasting happiness.
2. **Budget Wisely**
   - Create a budget dat prioritize savings an cut back pon things like eating out or impulse buying.

> Tracking yuh expenses help yuh stay in control an avoid unnecessary spending.

3. **Find Joy in Simple Pleasures**
    - Learn fi enjoy simple activities dat nuh cost much, like outdoor adventures, family time, or hobbies. Financial independence nuh mean yuh haffi deprive yuhself; it mean choosing wisely.

Example: Donovan's Simple Lifestyle

Donovan, a teacher, cut back pon unnecessary expenses like eating out an fancy gadgets. He focus pon his hobbies, like hiking an reading, an save most of his income fi reach independence faster. Donovan's simple lifestyle mek him happier an closer fi his goals.

Maximizing Savings Wid High-Yield Accounts an Investments

Fi reach independence, it's crucial fi mek yuh money work fi yuh. High-yield savings accounts, CDs, an other investment options grow yuh wealth widout much effort. Di power of compound interest help yuh achieve yuh goals faster by adding extra value pon yuh savings.

Choosing Di Right Savings Options

1. **High-Yield Savings Accounts**
    - Look fi savings accounts dat offer higher interest rates. Dis help yuh money grow more while keeping it safe.
2. **Certificates of Deposit (CDs)**
    - CDs lock yuh money for a set period an offer higher returns. Dem are good options if yuh have funds yuh can leave untouched fi a while.
3. **Reinvest Yuh Earnings**

- Anytime yuh earn interest or dividends, reinvest it fi compound growth. Dis mek a big difference over time.

Investing Wisely Fi Build Long-Term Wealth

Investment is one of di main tools fi building wealth an achieving independence. While saving is important, investing allow yuh fi grow yuh money exponentially. Di goal is fi build a diversified portfolio dat balance risk an reward, setting yuh up fi long-term success.

Basics of Investment

1. **Stock Market**
   - Investing in stocks allow yuh fi earn from company growth. Choose a mix of stable companies an high-growth potential fi balance yuh risk.
2. **Mutual Funds an ETFs**
   - Mutual funds an ETFs offer a diversified investment in multiple companies, mekking it easier fi beginners fi get started wid less risk.
3. **Real Estate**
   - Real estate, like rental properties, provide passive income an build wealth over time wid property appreciation.

Creating Multiple Income Streams Fi Faster Growth

Building more than one income stream mek yuh wealth journey faster an more secure. Extra sources of income like rental properties, dividends, or side businesses give yuh financial cushion an add flexibility fi yuh plan.

Closing Summary an Key Takeaways

Financial independence is di ultimate goal fi living a life filled wid choices an purpose. By living simply, investing wisely, an building multiple income streams, yuh create a future where money serve yuh needs an dreams. Di journey tek patience an discipline, but di rewards bring freedom, peace, an a fulfilling life on yuh terms.

Chapter 17: *Leaving a Legacy - Di Final Step in Wealth Building*

Introduction: Why Leaving a Legacy is di Pinnacle of Wealth Building

True wealth nuh just 'bout what yuh build fi yuhself; it's 'bout what yuh leave behind fi others. Leaving a legacy is di final step in di wealth-building journey, where yuh work create opportunities an stability fi di next generation. Whether through family, charity, or community support, yuh legacy carry on di impact of yuh life's efforts. Dis chapter goin' show yuh how fi build a legacy dat last, so yuh wealth, values, an purpose continue fi inspire an uplift.

Creating a Vision for Yuh Legacy: Defining What Yuh Want fi Leave Behind

A strong legacy start wid a clear vision. Think 'bout di kind of impact yuh want fi mek pon di world an what yuh want fi pass down fi future generations. Yuh vision guide di decisions yuh mek an help yuh focus pon creating a legacy dat reflect yuh values.

How Fi Create a Legacy Vision Statement

1. **Identify Yuh Core Values**
   - Tek time fi think about di values dat define yuh life, like family, education, community, or generosity. Choose values dat yuh want di legacy fi reflect.
2. **Set Long-Term Goals**
   - What impact do yuh want fi mek? Whether it's creating financial security fi yuh family or supporting di community, list out yuh goals.
3. **Create a Vision Statement**

- Write a short, clear statement dat express di essence of yuh legacy. Dis statement serve as a guide fi yuh actions an decisions in creating an sustaining di legacy.

Example: Mr. Harris' Legacy Vision

Mr. Harris, a businessman, create a vision statement: "Fi build a legacy of opportunity an education fi mi family an mi community." Dis vision inspire him fi set up scholarships an teach his children about business, mekking sure his legacy support growth an empowerment.

Setting Up Estate Planning Fi Secure Yuh Wealth After Yuh Gone

Estate planning is a key part of leaving a legacy. A legally binding estate plan, including a will an trusts, mek sure yuh assets are distributed according to yuh wishes, widout confusion or disputes.

Essentials of Estate Planning

1. **Write a Will**
   - A will outline how yuh assets should be distributed. Ensure it's legally binding by consulting wid a professional an choosing a reliable executor fi carry out yuh wishes.
2. **Establish Trusts**
   - Trusts offer greater control over how assets are managed an distributed. Dem are especially useful fi protecting wealth fi younger generations or charity.
3. **Choose Beneficiaries**
   - Clearly list di people or organizations yuh want fi benefit from yuh estate. Update beneficiaries

regularly fi reflect any changes in family or financial situation.

Example: Aunt May's Will and Trust Setup

Aunt May want fi ensure her family home stay wid her children an grandchildren. She set up a trust fi di property, allowing it fi pass down securely while also protecting it from unnecessary taxes. Her careful planning mek sure di family home stay wid her loved ones.

Teaching Financial Literacy Fi Future Generations

A legacy isn't just money—it's di knowledge an skills fi manage dat money responsibly. By teaching financial literacy, yuh empower di next generation fi preserve an grow di wealth yuh leave behind.

Tips for Teaching Financial Literacy

1. **Start Wid Basics**
   - Introduce budgeting, saving, an spending responsibly. Help young family members understand di value of money.
2. **Encourage Responsible Investment**
   - Teach di basics of investing an di benefits of compound interest. Showing young people how fi grow wealth over time build a solid foundation.
3. **Share Real-Life Experiences**
   - Talk openly 'bout yuh financial successes an mistakes. Sharing personal stories mek di lessons more relatable an meaningful.

Example: Simone's Family Money Lessons

Simone teach her children di basics of budgeting from a young age, involving dem in di family finances. By high school, her kids have a clear understanding of savings an responsible spending, preparing dem fi handle wealth responsibly in di future.

Passing on Family Values an Traditions Alongside Wealth

True wealth include di values an principles dat guide yuh family. Family traditions an practices help preserve these values, creating a legacy dat's not only financial but also cultural an personal.

Building Family Traditions

1. **Hold Regular Family Meetings**
   - Discuss family goals, financial planning, an important values. Dis create open communication an shared understanding.
2. **Celebrate Financial Milestones Together**
   - Recognize achievements like saving goals or paying off debt. Celebrating together reinforce di importance of responsible money management.
3. **Encourage Community Service**
   - Make giving back a family tradition. Volunteering or supporting charities together build empathy an a sense of responsibility.

Example: di Clarke Family Legacy

Di Clarke family meet every year fi discuss family goals an finances. Dem celebrate each other's achievements an work together pon charitable projects, mekking generosity an togetherness core values of di family legacy.

Using Philanthropy Fi Leave a Lasting Impact pon Di Community

Philanthropy is one of di most powerful ways fi mek a difference. Supporting community projects, education, or healthcare extend yuh legacy fi benefit countless lives. Setting up charitable funds or supporting causes ensure yuh impact live on beyond yuh lifetime.

Steps Fi Setting Up a Philanthropic Legacy

1. **Choose Causes Yuh Passionate 'Bout**
   - Find causes dat align wid yuh values, whether it's education, healthcare, or environmental protection.
2. **Set Up Charitable Funds**
   - Designate funds specifically fi charity. Dis mek it easy fi support causes regularly or create long-term impact.
3. **Involve Yuh Family**
   - Encourage family members fi participate in di giving. Dis mek philanthropy a part of di family legacy, creating a shared sense of purpose.

Example: Mr. Brown's Scholarship Fund

Mr. Brown set up a scholarship fund fi support young people in his community who want fi pursue higher education. By supporting education, he mek sure his legacy benefit future generations, giving dem di opportunity fi improve dem lives.

Preparing Successors Fi Manage Family Businesses or Wealth

If yuh have a business or significant assets, preparing a successor is essential fi di continuity of yuh legacy. Training family members or chosen individuals ensure dat di wealth yuh build is managed responsibly an grow in di years to come.

Tips Fi Successor Preparation

1. **Identify Potential Successors Early**
    - Look for family members or trusted individuals who show interest an capability. Early identification allow yuh fi train an prepare dem over time.
2. **Provide Financial Training**
    - Ensure di successor understand financial management, business operations, an di values behind yuh legacy.
3. **Create a Succession Plan**
    - Outline a clear plan fi di transition, detailing roles, responsibilities, an support. A formal succession plan mek di process smooth an professional.

Example: Di Grant Family Business Transition

Mr. Grant involve his son in di family business from a young age, teaching him di ins an outs of operations. When it time fi Mr. Grant fi retire, his son was well-prepared fi take over, preserving di family business an legacy.

Closing Summary an Key Takeaways

Leaving a legacy is di ultimate goal of wealth building, creating a lasting impact fi family an community. By planning carefully, teaching financial literacy, an involving loved ones, yuh ensure dat di values, resources, an vision yuh create continue fi benefit generations. Mek di legacy a reflection of yuh life's purpose, an yuh journey of wealth building truly becomes a gift dat keep on giving.

Chapter 18 Sample: *Staying Grounded - How Fi Mek Wealth Work Fi Yuh Widout Losing Yuhself*

Introduction: Di Importance of Staying True to Yuhself While Building Wealth

When yuh start mek money, life change in ways yuh might never expect. Sometimes di money bring more challenges dan blessings, an people start see yuh different, askin' fi help or maybe even changin' di way dem treat yuh. But true wealth nuh just about di dollars—it about how yuh feel about yuhself, di love yuh give an receive, an di legacy yuh leave behind. Dis chapter goin' explore how fi stay grounded, keep yuh values, an make di wealth work fi yuh without letting it change who yuh truly are.

Identifying Yuh Core Values Fi Guide Yuh Journey

Values are di foundation of who yuh are, an dem guide yuh through di ups an downs of life. Whether yuh value family, respect, honesty, or community, knowing what matters fi yuh help yuh mek choices dat align wid yuh true self. As yuh build wealth, tek di time fi identify di values yuh want fi live by an stick to dem even when di money start flowin'.

How Fi Identify Yuh Core Values

1. **Reflect pon What Make Yuh Feel Fulfilled**
   - Ask yuhself what bring di most joy or meaning in yuh life. Is it yuh family, helping others, or achieving personal goals?
2. **Think 'Bout Di Legacy Yuh Want Fi Leave**
   - Imagine how yuh want fi be remembered. Di values yuh hold close now will shape dat legacy.
3. **Write Down Yuh Top Values**
   - List di values dat stand out di most, an let dem guide yuh decisions pon di journey fi wealth.

Example: Marlon's Commitment to Family

Marlon come from humble beginnings an always believe in taking care of family first. Even when his business grow, he mek sure fi stay close wid family an involve dem in di decision-making. Fi Marlon, family is everything, an dat value keep him grounded through success.

Setting Boundaries Fi Protect Yuhself an Yuh Wealth

Wid money come expectations, an sometimes people start look fi yuh as a source fi dem own needs. Setting boundaries mek sure yuh protect yuhself from burnout an pressure, while still being able fi help where yuh can. It okay fi say "no" sometimes—it nuh mek yuh selfish; it mek yuh wise.

Tips Fi Setting Boundaries

1. **Know When Fi Say No**
   - Not every request deserve a "yes." If something nuh feel right, trust yuh instinct an say "no" without guilt.
2. **Create Clear Limits**
   - Decide how much yuh willing fi give or do fi others. Dis could mean setting a budget fi helping family or limiting time spent on certain requests.
3. **Practice Self-Care**
   - Tek care of yuhself first. If yuh nuh healthy or balanced, yuh cya help others effectively. Remember fi rest, recharge, an focus pon yuhself sometimes.

Example: Simone's Boundaries Wid Friends

As Simone's business grow, more friends start ask fi help wid different things. She decide fi set boundaries by only helping when it align wid her values an budget. Dis protect her from burnout an mek sure she could give widout strain pon her resources.

Di Power of Humility - Staying Humble in Di Face of Success

Wid success come praise an admiration, but humility keep yuh connected fi di real things in life. Humility remind yuh dat wealth nuh define yuh, an yuh still di same person wid or widout it. Stay humble, remember where yuh come from, an treat others wid respect.

Practicing Humility

- **Listen More, Talk Less**: Let people feel heard. Don't boast 'bout yuh achievements—let yuh actions speak.
- **Remember Yuh Roots**: Reflect pon di journey an challenges yuh overcome. Dis mek yuh appreciate where yuh reach.
- **Show Gratitude**: Express appreciation fi di people who support yuh an di blessings inna yuh life. Gratitude keep yuh grounded an humble.

Example: Andrew's Humble Approach

Andrew, a successful artist, always mek time fi di people inna his community, no matter how famous he become. His humility mek him loved by many, an he always remind people dat he nuh reach where he is on his own.

Choosing Yuh Company Wisely - Surrounding Yuhself Wid Positive Influence

Di people yuh keep around yuh impact yuh mindset an choices. Positive, supportive people encourage yuh growth, while negative ones drain yuh energy an focus. Choose friends, family, an mentors who uplift yuh an understand yuh journey.

Recognizing Positive Influence

1. **Encouragement, Not Envy**
   - Surround yuhself wid people who celebrate yuh success an nuh feel threatened by it.
2. **Shared Values**
   - Friends who value honesty, respect, an kindness mek better companions pon di wealth journey.
3. **Constructive Feedback**
   - Seek people who give honest, constructive advice dat help yuh grow, rather dan jus' agreeing wid everything.

Example: Rohan's Support System

Rohan, a young entrepreneur, always seek advice from his older cousin who encourage him fi work hard an stay humble. Dis support keep Rohan focused pon his goals, even when faced wid challenges.

Practicing Gratitude - How Fi Stay Thankful an Focused pon Di Blessings inna Yuh Life

Gratitude bring peace, especially in times of stress or pressure. Staying grateful mek yuh appreciate di journey an di blessings along di way. Tek time daily fi reflect pon what yuh grateful for, whether it's family, health, or di opportunities yuh have.

Ways Fi Practice Gratitude

1. **Keep a Gratitude Journal**
   - Write down three things yuh grateful for every day. Dis simple habit boost yuh mood an keep yuh focused pon positivity.
2. **Thank People Regularly**
   - Show appreciation fi those who help or support yuh, whether it's family, friends, or colleagues. Saying "thanks" mek yuh feel more connected.

3. **Celebrate Small Wins**
    - Recognize di small achievements along di way. Celebrating these moments remind yuh of di progress yuh making.

Living Wid Purpose - How Wealth Can Help Yuh Fulfill Yuh Life's Calling

Financial success give yuh di freedom fi pursue yuh life's calling, whether it's supporting family, helping yuh community, or traveling di world. Living wid purpose mek wealth-building feel meaningful an satisfying, beyond di material things. Find yuh purpose an let it guide how yuh use yuh wealth.

Finding Yuh Life's Purpose

1. **Reflect pon What Mek Yuh Feel Fulfilled**
    - Is it helping others, building something, or learning? Find what truly inspire yuh an make time fi it.
2. **Align Yuh Goals wid Yuh Purpose**
    - Set financial goals dat support yuh calling. Dis help yuh avoid feeling empty, even wid money.
3. **Give Back**
    - Use some of yuh resources fi uplift di community or support causes dat mek a difference. Giving back mek yuh wealth more meaningful.

Example: Lorna's Purpose-Driven Life

Lorna, a retired nurse, use her savings fi set up a health clinic in her community. Helping others was always her calling, an now she feel fulfilled knowing her wealth mek a positive impact pon people's lives.

Closing Summary an Key Takeaways

Building wealth widout losing yuhself require balance, humility, an values. Tek di time fi know what really matter fi yuh, set boundaries, an stay connected to yuh roots. Wealth is a tool—it should serve yuh life an purpose, not change who yuh are. Stay grounded, give thanks, an use yuh success fi bring positivity fi di world around yuh.

Chapter 18: *Staying Grounded - How Fi Mek Wealth Work Fi Yuh Widout Losing Yuhself*

Introduction: Di Importance of Staying True to Yuhself While Building Wealth

When yuh start mek money, life change in ways yuh might never expect. Sometimes di money bring more challenges dan blessings, an people start see yuh different, askin' fi help or maybe even changin' di way dem treat yuh. But true wealth nuh just about di dollars—it about how yuh feel about yuhself, di love yuh give an receive, an di legacy yuh leave behind. Dis chapter goin' explore how fi stay grounded, keep yuh values, an make di wealth work fi yuh without letting it change who yuh truly are.

Identifying Yuh Core Values Fi Guide Yuh Journey

Values are di foundation of who yuh are, an dem guide yuh through di ups an downs of life. Whether yuh value family, respect, honesty, or community, knowing what matters fi yuh help yuh mek choices dat align wid yuh true self. As yuh build wealth, tek di time fi identify di values yuh want fi live by an stick to dem even when di money start flowin'.

How Fi Identify Yuh Core Values

1. **Reflect pon What Make Yuh Feel Fulfilled**
   - Ask yuhself what bring di most joy or meaning in yuh life. Is it yuh family, helping others, or achieving personal goals?
2. **Think 'Bout Di Legacy Yuh Want Fi Leave**
   - Imagine how yuh want fi be remembered. Di values yuh hold close now will shape dat legacy.
3. **Write Down Yuh Top Values**

- List di values dat stand out di most, an let dem guide yuh decisions pon di journey fi wealth.

Example: Marlon's Commitment to Family

Marlon come from humble beginnings an always believe in taking care of family first. Even when his business grow, he mek sure fi stay close wid family an involve dem in di decision-making. Fi Marlon, family is everything, an dat value keep him grounded through success.

Setting Boundaries Fi Protect Yuhself an Yuh Wealth

Wid money come expectations, an sometimes people start look fi yuh as a source fi dem own needs. Setting boundaries mek sure yuh protect yuhself from burnout an pressure, while still being able fi help where yuh can. It okay fi say "no" sometimes—it nuh mek yuh selfish; it mek yuh wise.

Tips Fi Setting Boundaries

1. **Know When Fi Say No**
   - Not every request deserve a "yes." If something nuh feel right, trust yuh instinct an say "no" without guilt.
2. **Create Clear Limits**
   - Decide how much yuh willing fi give or do fi others. Dis could mean setting a budget fi helping family or limiting time spent on certain requests.
3. **Practice Self-Care**
   - Tek care of yuhself first. If yuh nuh healthy or balanced, yuh cya help others effectively. Remember fi rest, recharge, an focus pon yuhself sometimes.

Example: Simone's Boundaries Wid Friends

As Simone's business grow, more friends start ask fi help wid different things. She decide fi set boundaries by only helping when it align wid her values an budget. Dis protect her from burnout an mek sure she could give widout strain pon her resources.

Di Power of Humility - Staying Humble in Di Face of Success

Wid success come praise an admiration, but humility keep yuh connected fi di real things in life. Humility remind yuh dat wealth nuh define yuh, an yuh still di same person wid or widout it. Stay humble, remember where yuh come from, an treat others wid respect.

Practicing Humility

- **Listen More, Talk Less**: Let people feel heard. Don't boast 'bout yuh achievements—let yuh actions speak.
- **Remember Yuh Roots**: Reflect pon di journey an challenges yuh overcome. Dis mek yuh appreciate where yuh reach.
- **Show Gratitude**: Express appreciation fi di people who support yuh an di blessings inna yuh life. Gratitude keep yuh grounded an humble.

Example: Andrew's Humble Approach

Andrew, a successful artist, always mek time fi di people inna his community, no matter how famous he become. His humility mek him loved by many, an he always remind people dat he nuh reach where he is on his own.

Choosing Yuh Company Wisely - Surrounding Yuhself Wid Positive Influence

Di people yuh keep around yuh impact yuh mindset an choices. Positive, supportive people encourage yuh growth, while negative ones drain yuh energy an focus. Choose friends, family, an mentors who uplift yuh an understand yuh journey.

Recognizing Positive Influence

1. **Encouragement, Not Envy**
   - Surround yuhself wid people who celebrate yuh success an nuh feel threatened by it.
2. **Shared Values**
   - Friends who value honesty, respect, an kindness mek better companions pon di wealth journey.
3. **Constructive Feedback**
   - Seek people who give honest, constructive advice dat help yuh grow, rather dan jus' agreeing wid everything.

Example: Rohan's Support System

Rohan, a young entrepreneur, always seek advice from his older cousin who encourage him fi work hard an stay humble. Dis support keep Rohan focused pon his goals, even when faced wid challenges.

Practicing Gratitude - How Fi Stay Thankful an Focused pon Di Blessings inna Yuh Life

Gratitude bring peace, especially in times of stress or pressure. Staying grateful mek yuh appreciate di journey an di blessings along di way. Tek time daily fi reflect pon what yuh grateful for, whether it's family, health, or di opportunities yuh have.

Ways Fi Practice Gratitude

1. **Keep a Gratitude Journal**

- o Write down three things yuh grateful for every day.
     Dis simple habit boost yuh mood an keep yuh
     focused pon positivity.
2. **Thank People Regularly**
   - o Show appreciation fi those who help or support
     yuh, whether it's family, friends, or colleagues.
     Saying "thanks" mek yuh feel more connected.
3. **Celebrate Small Wins**
   - o Recognize di small achievements along di way.
     Celebrating these moments remind yuh of di
     progress yuh making.

Living Wid Purpose - How Wealth Can Help Yuh Fulfill Yuh Life's Calling

Financial success give yuh di freedom fi pursue yuh life's calling, whether it's supporting family, helping yuh community, or traveling di world. Living wid purpose mek wealth-building feel meaningful an satisfying, beyond di material things. Find yuh purpose an let it guide how yuh use yuh wealth.

Finding Yuh Life's Purpose

1. **Reflect pon What Mek Yuh Feel Fulfilled**
   - o Is it helping others, building something, or learning?
     Find what truly inspire yuh an make time fi it.
2. **Align Yuh Goals wid Yuh Purpose**
   - o Set financial goals dat support yuh calling. Dis help
     yuh avoid feeling empty, even wid money.
3. **Give Back**
   - o Use some of yuh resources fi uplift di community or
     support causes dat mek a difference. Giving back
     mek yuh wealth more meaningful.

Example: Lorna's Purpose-Driven Life

Lorna, a retired nurse, use her savings fi set up a health clinic in her community. Helping others was always her calling, an now she feel fulfilled knowing her wealth mek a positive impact pon people's lives.

Closing Summary an Key Takeaways

Building wealth widout losing yuhself require balance, humility, an values. Tek di time fi know what really matter fi yuh, set boundaries, an stay connected to yuh roots. Wealth is a tool—it should serve yuh life an purpose, not change who yuh are. Stay grounded, give thanks, an use yuh success fi bring positivity fi di world around yuh.

Chapter 19: *Embracing Lifelong Learning - Di Key Fi Lasting Wealth an Growth*

Introduction: Di Role of Lifelong Learning in Wealth Building

Wealth building nuh just 'bout mekkin' money an saving it up—it's a constant journey where knowledge is di real power. Di world nuh stay di same, an di financial landscape always changing wid new tools, opportunities, an risks. Di key fi lasting wealth is fi stay open fi learning, no matter yuh age or current wealth status. Dis chapter goin' explore how lifelong learning mek yuh journey fi wealth smoother, safer, an more rewarding.

Staying Informed About Economic Trends an Financial Markets

Understanding di economy help yuh mek better financial decisions. Di economy impact everything from yuh savings fi yuh investments, so staying informed keep yuh one step ahead. Inflation, interest rates, an market changes affect yuh financial health, so learn fi track dem wisely.

How Fi Stay Updated pon Economic Trends

1. **Read Financial News Regularly**
   - Choose a few reliable sources fi get di latest updates. Websites like di Jamaica Gleaner, Bloomberg, or Financial Times keep yuh in touch wid global an local economic news.
2. **Follow Key Indicators**
   - Inflation, unemployment rates, an interest rates are indicators dat show di direction of di economy. Learning fi understand dem help yuh anticipate changes.

3. **Consult Wid Experts**
    - Talk wid financial advisors, or follow respected economists online. Dem insights mek economic trends more understandable an practical.

Example: Lisa's Use of Economic Knowledge

Lisa, a small business owner, start learning 'bout inflation an interest rates. When di central bank raised interest rates, she knew it would impact her business loans, so she plan fi adjust her expenses. Her knowledge mek sure her business stay resilient through di changes.

Learning New Financial Skills Fi Build Wealth an Avoid Pitfalls

Mastering di basics like budgeting, saving, an investing are foundational skills in di wealth journey. These skills help yuh handle money wisely, avoid mistakes, an stay disciplined.

Essential Financial Skills Fi Learn

1. **Budgeting Basics**
    - Budgeting help yuh see where yuh money going, so yuh can control expenses an set realistic savings goals.
2. **Understanding Investments**
    - Even a basic knowledge of stocks, bonds, an real estate can open up new avenues fi wealth building.
3. **Financial Planning**
    - Planning ahead wid clear goals, emergency funds, an savings plans mek sure yuh have a roadmap fi yuh future.

Example: Tyrone's Budgeting Journey

Tyrone used to live paycheck fi paycheck until he start budgeting. He tek a free online course pon budgeting an realized how many expenses he could cut back pon. Now, he save regularly an feel more in control of his money.

Embracing Technology in Finance - Tools Fi Smarter Money Management

Technology transform di way we manage money, mekking it easier an more efficient. Digital tools like budgeting apps, investment platforms, an robo-advisors give yuh more control wid less effort. Embracing technology allow yuh fi mek decisions quicker an track finances better.

Using Financial Technology Wisely

1. **Budgeting Apps**
   - Apps like Mint or YNAB allow yuh fi track expenses, set goals, an manage savings. Dem simplify di budgeting process an help yuh stay disciplined.
2. **Investment Platforms**
   - Platforms like TD Ameritrade or Jamaica Stock Exchange allow yuh fi buy an manage stocks wid ease. Digital platforms mek investing more accessible.
3. **Security Awareness**
   - Protect yuh digital information by using secure passwords, two-factor authentication, an staying aware of scams. Financial security is just as important as financial growth.

Example: Kayla's Use of Technology

Kayla use a budgeting app fi manage her monthly expenses. Di app send reminders an keep her on track wid her financial goals, so she cya mek better decisions an avoid unnecessary spending.

Building Relationships wid Financial Mentors an Advisors

Lifelong learning nuh mean yuh have fi do it alone. Mentors an advisors provide valuable insights, help yuh avoid mistakes, an offer guidance on reaching yuh goals. Finding a mentor who understand yuh goals an challenges mek di journey more enjoyable an effective.

Finding Di Right Mentor

1. **Look Fi Experience an Credibility**
   - Find someone wid proven success in areas yuh interested in, like investing, business, or real estate.
2. **Seek Mutual Respect**
   - A good mentor should be someone who respect yuh goals an offer guidance widout judgment.
3. **Stay Open fi Feedback**
   - Listen fi constructive criticism an be willing fi learn. Mentors often share hard truths, but dem advice can mek a big difference.

Example: David an His Mentor's Advice

David, a young investor, connect wid a retired banker as his mentor. Di mentor share tips on managing risk an choosing good stocks, helping David build a strong portfolio widout unnecessary losses.

Learning to Adapt fi Life Changes an Financial Transitions

Life changes, an so should yuh financial plan. Whether yuh start a family, change careers, or experience unexpected challenges, adapting yuh financial strategy mek sure yuh stay on track. Di ability fi adjust help yuh weather financial storms an keep growing through any phase.

Tips for Financial Adaptability

1. **Review Yuh Plan Regularly**
   - Set a time each year fi review yuh budget, investments, an goals. Dis help yuh spot areas fi improvement an adjust fi any changes in yuh life.
2. **Stay Calm During Transitions**
   - Life changes can bring stress, but staying calm an focused mek it easier fi find solutions. Use di opportunity fi learn an grow.
3. **Keep an Emergency Fund**
   - A solid emergency fund provide security, allowing yuh fi adapt widout disrupting yuh main financial goals.

Example: Monique's Flexibility During Career Change

Monique decided fi switch from full-time work fi freelance. She adjust her budget fi manage di irregular income, build an emergency fund, an embrace di change wid a positive outlook. Her adaptability mek di transition easier an financially stable.

Developing a Growth Mindset Fi Lifelong Wealth Building

A growth mindset mean believing dat yuh can learn, adapt, an overcome any obstacle. Dis mindset keep yuh open fi new ideas, resilient through challenges, an willing fi tek calculated risks. Building wealth is a journey, an di growth mindset mek sure yuh stay strong an focused along di way.

Techniques Fi Building a Growth Mindset

1. **Embrace Challenges as Learning Opportunities**

- See setbacks as chances fi grow. Every mistake have a lesson, an a growth mindset mek yuh find value in challenges.

2. **Stay Curious an Explore New Ideas**
   - Tek time fi learn new things, whether about finance, self-improvement, or wellness. Curiosity keep yuh engaged an open fi new opportunities.

3. **Celebrate Small Wins**
   - Recognize an appreciate di progress yuh mek. Small wins build confidence an remind yuh of how far yuh come.

Example: Brian's Growth Mindset

Brian, a young entrepreneur, face setbacks wid his first business. Instead of giving up, he analyze di mistakes an try again. Now, wid his new knowledge, his second business flourish. Brian's growth mindset mek him persistent an successful.

Investing in Yuhself - Skills an Education Fi Long-Term Success

Di best investment yuh can mek is in yuh own growth. High-value skills, certifications, or new knowledge open doors fi more income an career flexibility. Lifelong learning go beyond finance—it's about building a life filled wid skills, adaptability, an self-confidence.

Areas to Invest in Yuhself

1. **Financial Education**
   - Courses in investing, real estate, or business management mek yuh more equipped fi handle wealth.

2. **Personal Development**

- o Skills like communication, leadership, an problem-solving mek yuh adaptable an valuable in any setting.
3. **Health an Wellness**
   - o Financial success mean little widout health. Investing in wellness mek sure yuh can enjoy di wealth yuh build.

Example: Sara's Investment in Her Education

Sara invest in learning real estate, an wid her new skills, she start making wise property investments. Investing in herself bring greater financial returns dan she expected, transforming her wealth-building journey.

Closing Summary an Key Takeaways

Lifelong learning is di key fi lasting wealth an resilience. By staying informed, adaptable, an curious, yuh empower yuhself fi handle any financial challenge or opportunity. Embrace knowledge wid an open mind, an let it guide yuh to a wealth-building journey dat stay strong an fulfilling over time.

Chapter 20 Sample: *Celebrating Success an Sharing Di Journey Wid Others*

Introduction: Why Celebrating Success is Essential in Di Journey of Wealth-Building

Reaching yuh financial goals is a significant achievement, but it's more than just di numbers pon paper. Success is 'bout reflecting pon di journey, remembering di struggles, an realizing how far yuh come. Celebrating success keep yuh motivated, mek yuh grateful fi di process, an give yuh di chance fi turn yuh accomplishments into something greater. Dis chapter will help yuh enjoy di fruits of yuh hard work, stay humble, an share di journey wid those who can learn from it.

Recognizing Milestones an Taking Time Fi Reflect pon Di Journey

Di journey fi building wealth often have ups an downs, an each milestone mek di destination feel closer. Tek time fi recognize yuh achievements—whether it's clearing a debt, reaching a savings target, or buying yuh first property. Reflect pon where yuh start an appreciate di growth, di sacrifices, an di lessons dat got yuh here.

Techniques Fi Reflect pon Di Journey

1. **Create a Journal of Achievements**
   - Write down yuh milestones an what yuh learned along di way. Reading back remind yuh of di progress an how yuh overcome challenges.
2. **Celebrate di Small Wins**
   - Every step forward is worth celebrating. Even small wins deserve a likkle recognition, as dem build confidence an joy.

3. **Share Wid People Who Support Yuh**
   - Celebrate wid friends an family who encourage yuh journey. Let dem know di role dem play in di process.

Example: Samantha's Milestone Celebration

Samantha, a teacher, save enough fi buy her first home. She host a small gathering fi family an friends who support her along di way. Sharing di moment wid dem who believed in her mek di achievement even more meaningful.

Di Balance of Celebration an Humility - Enjoying Success Widout Losing Yuhself

Success is sweet, but humility mek it even sweeter. Celebrating wid humility keep yuh grounded an remind yuh dat wealth is a blessing, not a right. Di balance of celebration an humility help yuh enjoy di journey widout overshadowing others or becoming boastful.

Tips Fi Celebrating Wid Humility

1. **Express Gratitude Wid Others**
   - Show appreciation fi those who help yuh along di way, whether through words, actions, or small gestures.
2. **Keep di Celebration About di Journey, Not di Money**
   - Focus pon di process, di growth, an di lessons learned, rather than di financial gain itself.
3. **Celebrate Wid Purpose**
   - Mek celebrations meaningful, not extravagant. Enjoy di fruits of yuh labor in a way dat bring joy an connection wid others.

Example: Jerome's Humble Celebration

Jerome achieve financial independence an choose fi celebrate by donating fi his community youth center. His gesture show dat success can be shared, an his humility mek his journey inspiring fi others.

Sharing Yuh Story Wid Family an Friends - Inspiring Others Fi Start Dem Own Journey

Sharing yuh story is a powerful way fi encourage others pon di path fi financial independence. When people see di struggles, sacrifices, an successes of someone dem know, it remind dem dat dem own goals are possible. Share yuh journey wid honesty, showing di ups an di downs.

How Fi Share Yuh Story Meaningfully

1. **Be Honest About Di Struggles**
   - Show di whole picture—di good an di challenges. Transparency mek yuh story relatable an inspiring.
2. **Highlight di Lessons Learned**
   - Share di knowledge an insights yuh gain along di way, so others can learn from yuh experiences.
3. **Encourage Others Fi Tek Di First Step**
   - Remind friends or family dat di hardest part is di beginning. Motivate dem fi start wid small steps toward their own goals.

Example: Lisa's Story Inspiring Her Friends

Lisa pay off her student loans in five years. When she share di details wid her friends, including di sacrifices she mek, it inspire two of her friends fi start tackling dem own debt. Lisa's story show dem dat di goal was possible.

Giving Back Fi di Community - Using Success fi Uplift Others

True success is measured by how much yuh give back. Using yuh wealth an experience fi support di community uplift everyone, creating a ripple effect of positivity an opportunity. Mek giving back a part of yuh celebration, turning yuh achievements into blessings fi others.

Ways Fi Give Back

1. **Support Local Initiatives**
   - Donate or volunteer wid local charities or programs dat mek a difference in yuh community.
2. **Start a Scholarship Fund**
   - Education open doors. If yuh can, set up a small scholarship fi students who need support.
3. **Mentorship an Guidance**
   - Share yuh knowledge wid young people or aspiring entrepreneurs. Show dem di steps, so dem too can succeed.

Example: Mr. Grant's Community Legacy

Mr. Grant, a retired businessman, use his wealth fi support a scholarship program in his community. By funding education fi young people, he create opportunities dat go beyond his lifetime, leaving a legacy of generosity an hope.

Creating a Legacy of Celebration an Generosity

When success an generosity go hand in hand, yuh create a legacy dat inspire others. Tek di time fi reflect, give back, an set an example fi future generations. A legacy built pon humility, gratitude, an generosity mek yuh wealth journey more meaningful an impactful.

Closing Summary an Final Reflections pon Di Wealth-Building Journey

Di journey fi financial success is a path filled wid lessons, growth, an purpose. As yuh reach yuh goals, celebrate di progress, remember di sacrifices, an share di wisdom. Wealth is most fulfilling when yuh use it fi uplift, inspire, an create positive change. Embrace di journey, enjoy di fruits of yuh labor, an leave a legacy dat enrich others long after yuh gone.